真理的味道

伍正华 著

人民出版社

策划编辑：王世勇

责任编辑：王世勇

责任校对：徐林香

图书在版编目（CIP）数据

真理的味道 / 伍正华著 . —北京：人民出版社，2021.6

ISBN 978-7-01-023241-6

Ⅰ.①真… Ⅱ.①伍… Ⅲ.①时事评论—中国—文集

Ⅳ.① D609.9-53

中国版本图书馆 CIP 数据核字（2021）第 044861 号

真理的味道

ZHENLI DE WEIDAO

伍正华　著

人民出版社　出版发行

（100706　北京市东城区隆福寺街 99 号）

环球东方（北京）印务有限公司印刷　新华书店经销

2021 年 6 月第 1 版　2021 年 6 月北京第 1 次印刷

开本：880 毫米 ×1230 毫米 1/32　印张：9.5

字数：160 千字

ISBN 978-7-01-023241-6　定价：59.00 元

邮购地址　100706　北京市东城区隆福寺街 99 号

人民东方图书销售中心　电话（010）65250042　65289539

第二章 **真理之问**

第三章 **真理之刃**

∧

第四章　**真理之歌**

∨

第一章

真理之味

信仰的味道 [1]

1920 年的春夜，浙江义乌分水塘村一间久未修葺的柴屋。两张长凳架起一块木板，既是床铺，又是书桌。桌前，有一个人在奋笔疾书。

母亲在屋外喊："红糖够不够，要不要我再给你添些？"儿子应声答道："够甜，够甜的了！"谁知，当母亲进来收拾碗筷时，却发现儿子的嘴里满是墨汁，红糖却一点儿也没动。原来，儿子竟然是蘸着墨汁吃掉粽子的！

他叫陈望道，他正在翻译的册子叫《共产党宣言》。

墨汁为什么那样甜？原来，信仰也是有味道的，甚至比红糖更甜。正因为这种无以言喻的精神之甘、信仰之甜，无数的革命先辈，才情愿吃百般苦、甘心受千般难。

信仰是朴素的。宋庆龄在写给美国同学的信中说："孙中山好几次告诉我说……他下了决心，认为中国农民的生活不该长此困苦下去。中国的儿童应该有鞋穿，有米

---

[1] 本文发表于 2012 年 11 月 27 日《人民日报》。

建党红船（插图 / 傅堃）

饭吃。就为这个理想，他献出了他四十年的生命。"

信仰是无私的。1930年8月27日，临刑前的几分钟，共产党员裘古怀有感于"每一个同志在就义时都没有任何一点惧怕，他们差不多都是像完成工作一样跨出牢笼的"，匆匆写下《给中国共产党和同志们的遗书》，饱含深情地用"满意"和"遗憾"四个字诠释自己对信仰的理解："我满意为真理而死！遗憾的是自己过去的工作做得太少，想补救已经来不及了。"

历史证明，谁守住了这份朴素和无私，谁就能获得人民最可靠、最永久的支持。历史和人民为什么最终选择了中国共产党？那是因为"共产党、红军信仰他的主义，甚至于每一个兵，完全是一个思想"。

九十一年过去了，嘉兴南湖的红船依旧，而党的实力、中国的面貌早已发生了巨大的变化。那时，我们的党员不过几十人，如今则是拥有8600多万名党员的大党；那时，我们党哪有什么家当，连开会的路费都是想方设法筹来的。如今，单从经济总量来看，中国已经跃居世界第二。

"我们错了！"美国《时代》周刊这句迟来的道歉，也许可以看作对中国共产党执政业绩的生动旁注。1995年香港回归前，《时代》的姊妹杂志《财富》曾作出"香

港之死"的错误预判。然而，谁也不得不承认，香港不仅
"舞照跳，马照跑"，而且"比殖民地时更繁荣"。

从《财富》杂志的悲观断言，回溯到毛泽东当年带领
党中央进京时的"赶考"之说，几十年来，我们党可谓大
考不断，小考不停！面对一场场严峻的考试，中国共产党
不仅没有被考倒，反而无数次考出了让世界惊叹和震撼的
好成绩，让"中国崩溃论"一次次崩溃。世界看到的是一
个更加繁荣富强的中国，一个更加充满生机活力的中国共
产党。

若论今昔生活对比，相信许多党员同志都会由衷地
说："够甜，够甜的了！"然而，越是在日子够甜的时候，
每一名共产党员越要自觉保持纯洁性和先进性，越要深味
服务人民的精神之甘、复兴民族的信仰之甜。

恽代英在文中写道："我们吃尽苦中苦，而我们的后
一代则可享到福中福。为了我们崇高的理想，我们是舍得
付出代价的。"

墨汁为什么那样甜？这种信仰的味道，只有真正的共
产党人才能品味得到。

◀ .. 回味 .. ▶

心怀神圣

《信仰的味道》发表八年有余，一篇千字文能有如此广泛影响，既是心之所向，也是始料未及。所谓信仰，一言蔽之"信且仰望也"——不信就不会跟着走，不仰望就不会心怀神圣。至于味道，除了"甜"，还有"酸辣苦"诸味。大浪淘沙、风云过耳，千磨万击、万淘千漉，百年大党、初心如昨。不论是信仰的味道，还是真理的味道，其实都是一个味道。这种味道，只有真正的共产党人才能品味得到。

再喝一口延河水

下乡前，记协的领导特别叮嘱，进村以后不能带矿泉水，老乡缸里是什么喝什么，锅里有什么吃什么，炕上铺什么睡什么。

然而，行李未及放下，住户高大哥便拧开了两瓶矿泉水："来，一路辛苦了，喝点水解解乏！""谢谢，喝缸里的水就行！"记者一边应声，一边在缸里舀了一满瓢水，"咕嘟咕嘟"往喉咙里灌。"老哥，这延河水可真甜！""对着嘞！怕你们闹肚子，前些日他还专门从镇上扛了两箱矿泉水回来！"一旁的高大妈补充道。

高大妈今年 78 岁了，虽然门牙已经掉了，但脸上仍泛着健康的高原红。这几天，大妈天刚放亮就起床了，驼着背在院子里一扫帚一扫帚地打扫卫生。其实，院子里的垃圾、杂草早几天前就弄得干干净净了，可她似乎仍不放心。空闲时，大妈喜欢拄着拐杖，坐在院里的石磨上晒晒太阳、吹吹风。这两天，每当路过的老乡跟她拉话话："家里住着两个中央的大记者吧！"大妈的眸子里立刻闪烁出异样幸福的光泽："对着嘞，还有一个红军嘞！"老乡大声纠正："不是红军，是解放军！""红军和解放军还不是一回事，都是穿军装的，都是咱老百姓的娃儿！"高大妈底气十足。

听说陕北山区特别缺水，记者准备了好几套换洗的衣服。但由于适逢酷暑，每天都要下地劳动，参加镇上村里组织的各种活动，干净衣服很快就穿完了。吃过晚饭，记者偷偷地找出几件内衣，想简单用水洗一洗汗味和泥巴，没想到还是被眼尖的大妈发现了。她急忙叫孙女高敏把衣服夺了过来，亲自帮着用手一件件搓洗。傍晚归来，一眼就看到了晾在院里细铁绳上的白衬衫：那么耀眼，那么整洁，那么透亮！自家媳妇儿也没洗得这般干净啊！

临行前的夜晚，村里在老支书家的院子里搞了一个小联欢。圪梁梁上的喇叭虽然没有响，但乡亲们几乎都来了，从八九十岁的老人到怀抱着的婴儿，满满挤了一院子。老乡们用三弦琴表演陕北说书，扯着喉咙唱陕北民歌，歌声阵阵，笑声满院。沿河湾镇的高副书记与乡亲们一起高喊："解放军，来一首！"记者硬被推到了前台。"乡亲们，我不会唱，就说几句吧。高大娘讲，解放军和红军没啥不一样，都是老百姓的娃儿。这话说得多好啊！毛主席也讲过，军民是鱼水关系。水可以没有鱼，但鱼永远离不开水。

延安人民接纳了红军，养育了红军，壮大了红军，到了延安到了安塞到了方塔村，我就像回到了家，寻着了根！"乡亲们对记者的话报以热烈的掌声。

延河是中国革命的母亲河，延安是中国革命的转折点。延河滚滚自北而来流经延安城时，神奇地拐了一个弯，以近乎直角的弯度流向东方。在无数人眼里，延河不再是陕北高原上一条普通的河流。喝延河水，凝结着"老延安"们对延河、对延安、对延安岁月的深情怀念。1985年春，丁玲夫妇重回延安时深情赋诗："重上清凉山，酸甜苦辣咸。说来又说去，还是延水甜。"

就要离开住了两天两夜的窑洞，离开方塔村的父老乡亲，离开革命圣地延安了，高大妈把从自家地里刚摘下的苹果桃子使劲往记者的行李袋里塞："娃啊，没啥好东西，带点在路上解渴吧！"记者连忙推辞说："啥也不用带了，咱再喝一口缸里的延河水吧！"大妈没应声，转身去擦眼角的泪。

◀ .. 回味 .. ▶

延河弯，延水甜

2009 年夏天，中宣部组织"百名青年编辑记者延安行"，我是三名穿军装的记者之一。正是因为这身军装，在多个场合屡屡"被"抢镜。清凉山上，因穿上红军服被一帮同行长枪短炮"围攻"；列车上，中央人民广播电台"新闻和报纸摘要"采写的同期声还传遍大江南北。再喝一口延河水，万般回味在心头。

吸吮信仰的"烟火味"

我平常很少追剧，也没有多少时间追剧，但有部"风"字头的剧一集不落地追完了。

这部剧给我最大的触动，不是"男一号"在枪林弹雨中的英勇机智，而是在和平年代隐姓埋名的坚守，不论遭到什么样的打击误解，都当作对信仰的检验和提纯。

蔡威作为一个名副其实的红色"听风者"，与我所追"风"字头的剧，以及看过的"风"字头的电影，有某种说不出的精神暗合。

"信仰"二字，越到后来，越被人当作"偏正结构"——"信"字下沉，"仰"字上升。这本来没有什么错，信仰就是一种精神的仰望，需要斩断世俗的羁绊。

但由于"信"的根子坍塌，有些"仰"变成了空仰，离普通人尤其是年轻人渐行渐远。

我喜欢信仰的"战场硝烟味"，也喜欢信仰的"人间烟火味"，尤其是随着年龄党龄的增长，这个问题带给我深深的忧思和纠葛，常常夜不能寐。

无问西东者，心中最有"北"。蔡威能解开那么多密钥，读懂蔡威的密钥是什么？

捧读蔡威这篇报道，既有追剧之惊奇，更有重回小学课堂之感动。

《金色的鱼钩》里那个饿倒的老炊事班长，《在艰苦的岁月里》那个给红小鬼吹笛的老红军，《七根火柴》那个包了几层的党证和红红的火柴，还有那个让人无比怜爱痛惜的"小萝卜头"……

是啊，哪一篇不是充盈着好闻的"烟火味"？这种信仰的味道，最能深入大众，最能传之久远。

信仰有那么"高大上"吗？

那个时候，一句话，老百姓就跟党走了；一个理，子弟兵命都舍出去了。

为啥呢？一句"打土豪，分田地"胜过多少说教，一句"红军是咱穷人的队伍"胜过多少动员！

习近平主席讲的那个"半条被子"故事里，徐解秀记住的就是这么一个理儿："什么是共产党？共产党就是自己有一条被子，也要剪下半条给老百姓的人。"

据说，她的丈夫一早送红军，结果再也没有回来，估计是路上下了决心跟着闹革命去了。想想看，那时人民对党的信仰有多么大的魔力啊！

半条被子（供图/伍正华）

马克思说:"思想一旦离开利益,就会使自己出丑。"信仰之树只有根植于现实的土地,尽情吮吸那些人间的"烟火味",才能免除病虫害,枝繁叶茂,刺破青天。

我们不要怀疑,更不要谴责:当今的社会越来越现实,如今的人们越来越功利。恰恰相反,他们越是现实,信仰越是要关照现实。

蔡威的一生充满传奇,但这篇文章并没有渲染传奇,而是在拉家常、唠白话,尤其是后辈的艰苦追寻,几次入党的无悔坚守,读来给人信心和温暖。

说到底,信仰就是一种传承,就是"信仰着你的信仰",倘若子孙不信,青年不信,信仰就真成了星空。

共产党人的双脚站在稻田里,理想信念的枝叶方可直达云霄。

◆ .. 回味 .. ▶

站 在 稻 田 望 星 空

　　酸奶，我只喝原味的。信仰，也是原味的好。工艺太繁复、佐料太多，也许价钱翻了好几番，但不是老百姓要的那个味了，或者一般人喝不起了。老领导范江怀千万里追寻，采写了一个红色"听风者"，嘱我配篇评论。我欣然应允，不仅因为旧情难忘，更因为有话想说。信仰植根于大地，双脚站在稻田里，星空才不至于变形。

工作朝上比，生活朝下比

初夏，到福建宁德出了趟差。临走的间隙，信步到宁德市委机关附近的小巷理了个"初心头"。

这是一个很不起眼的小理发店，门是铁皮门，地是水泥地，凳是塑料凳，招牌上面还横七竖八拉着电线和空调排水管。理发的姚阿姨今年 60 多岁了，已经在这里工作了 30 多年。

姚阿姨很健谈、风趣，聊起了一些轶事。当年给某地委领导理发时的一段对话，她记得很清楚。

"你插过队没有？""插过！""那插队和理发，你选择哪一个？""当然是理发。""所以啊，工作要朝上比，生活要朝下比。"

仿如高手过招，目光对视间胜负已分。这段朴实的对话，让人听后十分熨帖，心头堆积的雾霾顿时一哄而散。人生最难过的坎，是思想上的坎。思想上一转念，千沟万壑便成一马平川。

在宁德军分区招待所住的那一晚，我辗转反侧难以入睡，第二天凌晨 5 点多就起床沿着树荫浓密的道路遛弯。天空湛蓝，山峦如画，鸟语盈耳，于是我在微信朋友圈发了一段话："哪个阶段，哪个职务都不容易，关键看他把什么写在了自己曾经驻足沉思的大地上。"

是啊，人生易老，芳华易逝，除去吃饭睡觉、打滚撒泼，剩下来干事的就那么一丁点儿时间，无怪乎有人如此打趣："世界上所有的厉害，闻起来其实都是加班的味道。"

其实，委屈的味道更有滋味。"男人的心胸，都是被委屈撑大的。"如果没有撑大，只能说明两点：一是心胸不够大，二是委屈不够大。所以说，世界上所有的厉害，闻起来也是"委屈"的味道！

智者在跑步时，路人问："我佩服你能熬过那么多难熬的日子，然后才有今天的辉煌，换成我，早就疯了。"

智者答："熬过那些很苦的日子算什么，我更佩服的是你，明知道日子一成不变，还坚持几十年照常过，换成我，早疯了！"

比选择更重要的是坚持，比坚持更重要的是挺住。胜利取决于最后 5 分钟，做事也要坚持到最后一刻。谁能在最后一刻变哭为笑，便是人生的赢家。

给人薪火者必怀抱火炬，能承受大委屈者必怀抱利器。诗集《我们的暴雨星辰》序言里面有一句话：只有

"怀抱利器"的人，才具备抵抗寒冷、空虚和孤独的能力。真是像子弹一样击中了我！人生没有白走的路，每一步都算数；人生也没有白受的委屈，每一次都算数。只要熬过去挺过去了，就会变成人生的财富甚至"炫耀"的资本。

我们的很多毛病，很多不愉快，都是"比"出来的：工作上朝下比，生活上朝上比，结果越比越憋屈、越比越没劲。尤其是有的人"仇近"心态严重，远的够不着，偏偏找身边的人比，比来比去心理失衡了，上演一幕幕令人心惊胆寒的"宫心计"。

回过头来看理发店的姚阿姨，正值青春的她当了一个理发师，可能心中也会有疙瘩。但为什么干了30多年，还仍然保持着如此达观的心境？我想，她已悟到了"比"的精髓，最深奥的哲学往往就在最平常的道理中、最普通的生活中。

有句俗话："人比人，气死人。"其实不然，那要看你怎么比，比什么，又拿什么来跟人比。

◀ .. 回味 .. ▶

成大事者，必"怀抱利器"

一个人对生活的态度，很能看出一个人对事业的态度。那些在生活上吃得了大苦的人，在工作上也吃得了大苦；相反，那些在生活上追求奢靡享乐的，在干事上往往偷懒耍滑。人生的快乐，既在于选准前方的坐标，也在于选准身边的参照物。"政声人去后，民意闲谈中。"宁德一夜无眠，凌晨早起的那段路，脑子里始终抹不掉一个披着外套、点根烟漫步的伟岸背影。

中学生的"信仰之问"

说到初心和信仰，有一个中学生之问始终"虐心"。

2017年9月，我应邀到内蒙古广播电视台录制一档读书节目，其间在内蒙古呼和浩特第二中学组织了一次签名赠书活动。原本与编导说好不发言，没想到偌大的礼堂一下子来了好几百师生，提问环节极其踊跃，充溢着"恰同学少年"的青春气息。

一位略带羞涩的男同学站起来问："伍老师，请问你什么时候有信仰的？"

"什么时候有信仰的？写入党申请书之时，还是入伍宣誓之时？那时的懵懂初心能算是信仰吗？……"突然之间，我感到十分汗颜：信仰是何其纯粹、何其神圣的字眼，许多时候何尝不是一种奢谈！

李大钊被捕后，原本有很多机会活下来，但是他为了心中的信仰，第一个走上了绞刑架，慷慨赴死。毛泽东讲，他自从选择了共产主义之后，就再也没有动摇过。老一辈无产阶级革命家无疑是有信仰的，什么时候有信仰自己心

血海惊雷（插图/傅埶）

底也很清楚，确实是以身许党许国，随时准备为党牺牲一切。而在和平时期，一些人入党、入伍则或多或少夹杂着功利色彩。

信仰是一个不断提纯的过程，不去勤拂拭，必然惹尘埃。有些人并不是一开始就是十恶不赦的坏蛋，相反，对党有感情，干事有魄力，待人接物也低调，但为何最后落得个"眼见他楼塌了"的悲惨结局？很重要的一个原因就是他们忘记了"一日三省吾身"的古训，忘记了"扫帚不到，灰尘照例不会自己跑掉"的党性修养。初心一日沾尘，二日成垢，三日锈蚀，最后拿钢丝球刷也刷不干净了！

共产党员不是神，谈信仰不能脱离"人间烟火"，但信仰同时是仰止之高山、仰望之星空，必须荡涤物欲、私欲，质本洁来还洁去。1928—1930 年，从事地下工作的恽代英，在生活极为艰难、随时都可能被捕牺牲的情况下，十分淡然地对妻子沈葆英说："我们要安贫乐道。这个'道'就是革命的理想。我们在物质上虽然贫穷，但精神上却十分富有。这种思想、情操、乐趣，是那些把占有当幸福，把肉麻当有趣的人所无法理解的。"

"安贫乐道"这四个字，现在仍有很强的警示意义。当年党的早期领导人顾顺章叛变，就是由于不能"安贫"，吃喝嫖赌，生活腐化。陈赓曾对人说："只要我们不死，准能见到顾顺章叛变的那一天。"果不其然，顾顺章后来叛变革命，成为"中共历史上最危险的叛徒"。再看看党的十八大以来"落马"的高官，哪一个不是因为不"安贫"而失道呢？

习近平总书记多次在重要场合讲到一组数字：20万，200万，2000万——苏共20万党员时夺取了政权，200万党员时打败了希特勒，2000万党员时却土崩瓦解。什么原因？就是因为理想信仰已经荡然无存了。我们党要跳出"历史周期率"，要带领人民实现中华民族的伟大复兴，就必须坚持用理想信仰这个"道"把9100多万名党员紧紧凝聚在一起。

时时揩拭入党的初心，是为了提醒我们不要忘记从哪里来；时常仰望信仰的星空，是为了明晰我们要到哪里去。中学生的"信仰之问"或许是无心之问，但值得我们每一个党员干部扪心自问。

◀ .. 回味 .. ▶

无 心 之 问

党性不一定随着党龄增长，官德和官职也不一定成正比，有的甚至恰恰成反比。所以，党龄越长越要警惕党性的钙质流失，官职越高越要反思是否德不配位。"你什么时候有信仰的？"中学生的无心之问，恰恰是对入党初心的无形拷问。

做一个靠工资生活的"裸官"

"裸官"本来是个贬义词，但加上一个定语后，意思就完全变了，不信请看题！

2015 年 1 月，习近平总书记在军队的一次重要会议上讲：今后军官的收入主要是靠工资，不能有其他所谓的灰色收入，更不能有违法所得，否则就要受到查处和追究。

这段话是讲给部队听的，也是讲给全党同志特别是领导干部听的。廉政建设做到了这一点，"不能"才算真正见到成效；党员干部自觉做到了这一点，"不想"才算真正成为"新常态"。

千百年来，"权""钱"二字，成了多少人的"普世价值"，"权"为最，"钱"次之。权力附着了太多东西，不光是俸禄、宅第、田产，还有地位、荣耀，甚至"一人得道，鸡犬升天"。概言之，权是令人生畏的，官是令人敬畏的。改革开放 40 多年了，千万亿万富翁难以计数，但老百姓嘴里最常说的还是咱们这个地方出了某个官。各级官员原本应当珍惜这种特殊荣誉，但有的不在为人民服务上知不足，而在贪图享乐上不知足，欲壑难填、蛇欲吞象，让"钱"绑架了"权"，最后被钱"撕票"，"眼见他起高楼，眼见他宴宾客，眼见他楼塌了"。

历朝历代，均试图将"权"和"钱"剥离，甚至施行"高薪养廉"，但无一例外以失败告终。究其根本，千变万变，权力的性质没变，主仆的关系没变。民主革命先行者孙中山提出"三民主义"，倡导"天下为公"，可惜蒋介石逐渐背弃了这个信条，闹来闹去还是"四大家族"，最后只能沮丧地逃到了台湾岛上望洋兴叹。只有以毛泽东为代表的老一辈共产党人，与群众同甘共苦、为人民浴血奋战，实现了权力的根本性革命，真正厘清了权为谁所赋、权为谁所用的问题。他们把搞特殊看成"极大的耻辱"，从主席、总理，到开国元勋，连在人民大会堂喝一杯茶都坚持自掏腰包。这种自律自觉，的确让那些"工资基本不动"的贪官污吏们汗颜！

"求木之长者，必固其根本；欲流之远者，必浚其泉源。"当前逐渐引向深入的反腐斗争，是我们党的又一次权力革命。党的十八大以来，深入开展的党风廉政建设和反腐败斗争，绝不是"运动式""选择性"的，绝不仅仅是简单地打几个"老虎"、查几起大案要案，而是高举依法治国、依法治军大旗，从源头上根本上铲除滋生腐败的土壤、斩断助长腐败的链条，不仅把权力关进制度的笼子里，而且把钥匙交到人民的手上，让制度来管人管事管权，让人民监督党和政府。否则，如何才能打破"历史周期率"的"魔咒"？如何才能让甲午战争的悲剧不再重演？如何才能实现中华民族伟大复兴的中国梦？

　　现在，一些干部私下里议论"为官不易""当官是高危职业"，感叹"当官的好时候已经过去了"。笔者以为，出此"酸言"之人立场虽偏颇，但我们若从正面理解也未尝不可。习近平总书记讲："我认为当好共产党的'官'是很辛苦的。我也没有听到哪一个称职的领导人说过当官真舒服。"从这个角度看，当官是辛苦活，说"不易"不为过。更主要的是，当官要担责，拍屁股走人，那是要"打屁股的"；拍脑袋决策，那是要"掉脑袋"的，说"高危"也不无道理。至于"好时候已经过去了"，能有这样"清醒"，也算是有自知之明。党中央对作风建设一直抓下去的决心和意志是坚定不移的，再想过那种"滋润"日子，已经不可能了。

　　1901 年，光绪在诏书中反思"中国之弱"的原因时说，"误国家者在一私字，困天下者在一利字"。公私之间有底线，权钱之间有红线。党和人民已经给了各级领导干部应有的待遇，且待遇还会随着经济社会发展和人民生活水平提升而不断改善。花自己的工资清清爽爽、舒舒坦坦，做一个既干净又干事的"裸官"，有什么不好呢？

◀ .. 回味 .. ▶

"裸官"变成现实

《国防参考》杂志当年给我开了一个"热评天下"的专栏，还配了一个鲁迅式的素描，放在杂志的最前面。这是专栏开篇，写完感觉可能会"炸"。果真，第二天上了许多门户网站的头条，一些外媒也把习近平总书记的那段话挑出来做标题了。不过，得意的不是"上头条"，而是"做一个靠工资生活的'裸官'"，今天已经变成了现实。

有感于"棺材不要做得太好"

近日读开国上将许世友的一段轶事，越发深切地感到，"身后留什么"是共产党人党性政德的一面明镜。

1979 年和 1980 年，许世友两次给长子许光寄去两百多元钱做棺材。其中第二封信上说："去年，我写信告诉你，让你做棺材的事，不知怎么样了，棺材不要做得太好，比一般的老百姓做的棺材要差一些才行，防止人家提意见。做得太好了，老百姓会讲话的。"

一个为革命九死一生的开国元勋，一个为党的事业殚精竭虑的人民功臣，连死后做一口棺材都囊中羞涩，两百多块钱一次还拿不出来，且不肯比普通百姓多花钱，着实羞辱了一些利欲熏心的贪腐官员。从中央重拳查处的贪腐案件来看，常常爆出在家里搜出多少现金的新闻，其数额之巨令人触目惊心！人们不禁要问，身为党的高级干部，吃穿住行医样样都有保障，留这么多钱，到底要干什么？

分析其心理，大致原因有二：给自己留后路，离任后还能继续过得舒舒服服、风风光光；给子女铺道路，让他们无须辛苦打拼，也可以过上好日子，享受高人一等的生活。但结果呢？正如南京市原市长季建业的忏悔——"私念一箭穿心"，不仅毁了自己的政治前途，而且害了家庭和亲友，落得身名败裂、人亡家破。

"共产党员和干部应该把谋求特权和私利看成是极大的耻辱。"这句话不是什么名人名言，而是出自党的十一届五中全会通过的《关于党内政治生活的若干准则》。但是，令人惋惜和痛心的是，少数党员干部的党性没有随着党龄增长，官德也没有随着官位提高，渐渐忘记了官是谁所任，忘记了权为谁所用，丧失了"耻感"，甚至不以为耻反以为荣，在私欲贪欲的泥沼里越陷越深，走到了党和人民的对立面。

人民记得的，不是谁的官做得有多大，而是到底为他们做了什么。不少党员干部离任后两袖清风，离世后没留任何遗产，却备受百姓尊重、世代口口相传。福建省东山县原县委书记谷文昌，当了 14 年书记，带领群众苦干 14 年，把一个荒岛变成了宝岛。1981 年他病逝后，30 多年来，每到清明，当地人民都要祭奠他，"先祭谷公，后祭祖宗"。

"公私"二字，不仅是衡量一名党员党性强弱的晴雨表，更是揭示一个政党兴衰成败的风向标。有人说，国民党败在一个"私"字，共产党赢在一个"公"字。因为前者背离了天下为公，后者立党为公。诚哉斯言！"抱公绝私"好比群蜂筑巢，"损公肥私"宛如蚁穴溃堤。只为个人家庭谋后路、不为国家民族想出路的蝼蚁多了，怎能不掏空千里江堤？只为大众谋福利，不为自己谋私利的蜜蜂多了，怎能不采得百花成甜蜜？

罗荣桓去世时，拉着妻子的手再三嘱咐："我死了以后，分给我的房子不要再住了，搬到一般的房子里去，不要搞特殊。"朱德临终前，把康克清和子女叫到身边："我们用的东西都是公家的，我死后一律上缴。只有我读过的马列和毛主席著作，你们可以拿去学习。"这样的细节，值得我们永远铭记。

◀ .. 回味 .. ▶

私念一箭穿心

　　某年七一前夕，在北戴河沙滩上散步，从新闻联播里听到了中共中央决定开除徐才厚党籍的消息，震惊叹息之余挥笔写下了这篇文字。《人民日报》即编即发，改为《不弃私心，必废公事》，人民网以头条通栏提要转发《人民日报关注领导干部"身后留什么"》，其政治意蕴可见一斑。我还是比较喜欢原来的标题，土是土了一点，但直白。有的人生前拼命争那几斤几两，而两腿一蹬骨灰又比别人重几两？

使命深潜　誓言无声

　　不留下一片浪花，但每一次潜行都写着忠诚；不需要一句豪言，胸膛里却奔突着烈火般的热忱。连日来，捧读海军某核潜艇基地官兵的英雄事迹，脑海中总挥之不去这样一幅影像：核潜艇像极了一条铁血硬汉，面庞黝黑、目光冷峻、脊背如山，沉默是他的语言，深潜是他的个性。

　　有人将航母、核潜艇等戏谑地称为"大国的大玩具"。然而，当这些"大玩具"已经堆满西方军事强国屋子的时候，我们手中只有从国外带回来的潜艇玩具和几张模糊的照片。面对苏联领导人"不要搞""不能搞"的忠告，毛泽东誓言铿锵："核潜艇，一万年也要搞出来！"为的就是不让中国被这个"玩具"掣肘，为万世开太平。

　　深潜是一种隐忍。中华民族苦难深重，尤以近代一百多年来的屈辱为最。百年屈辱史，也是列强海上入侵史。强敌大多自海而入，国势因此而衰。从旅顺、辽东湾，从塘沽、渤海湾，从烟台、青岛胶州湾，从海口，从雷州半岛，从钦州湾……80多次海上狼烟，每次无不遭受巨大伤害！此等锥心刺骨，每一个中华儿女都感同身受：祖国 18000 多公里的大陆海岸线，与其说是黄金线，不如说是生命线。

深潜是一种背负。作为大国重器，核潜艇既是"撒手锏"，又是和平之盾。一个国家纵使遭受毁灭性打击，只要有一艘战略核潜艇深潜水下，就能给对手强有力的反击。它的极限深潜，背负的不仅仅是海水的压强，更是国家和民族的重托。它潜得越深，人民的心里就越有底，而敌人的心里就越没底。他的极限远航，突破的不仅仅是时间和空间的坐标，更是和平与战争的距离——潜得越远，战争就离我们越远，和平则离我们越近。

深潜是一种信仰。"信仰是无底的深海"，电视连续剧《潜伏》主题曲里的这句歌词，用在潜艇兵身上再恰当不过。水下 6 米，红光消失；20 米，黄光被过滤；30 米，仅余穿透力最强的蓝光；再往下，就是无边无际的黑暗。在没有光亮、孤寂为伴的深海，核潜艇官兵靠什么分辨白天黑夜，又靠什么破浪前行？仅仅是时钟吗，仅仅是雷达吗？不，比时钟更精准的，应是理想之钟；比雷达更犀利的，应是信仰之光。

真正的爱不一定天天挂在嘴边，真正的誓言不一定从喉管里吼出。一如潜艇官兵每次远航前含泪写下的那些遗书，虽从不愿让妻儿看见，但哪一个字和标点不浸透着最深的爱和最浓的思念！和平时期的军人就是这样，人海茫茫，你也许不会认识他；花海柳浪，你可能不会见到他，他在天上默默地飞，在水底悄悄地行，留给你的只是一个绿色的背影。

一支强大的军队背后，必然站立着一个强大的国家；一个强大的国家，不能没有一支强大的军队。中国梦也是强军梦，强军梦连着中国梦。使命深潜，信念如海；誓言无声，一默如雷！那些胸怀祖国的人，祖国会永远将他们放在心上；那些不辱使命的人，人民将赋予他们无上荣光。

◀ .. 回味 .. ▶

信仰是无底的深海

　　多年前一次聚会，遇到一个潜艇部队的领导，黝黑有棱角的面庞很像一艘潜艇，于是我从手机里翻出了这篇旧作。说话从不啰唆的我，一口气把这么长的稿子念完了。在座一干人等，也竟然从头到尾听完了，掌声很是热烈，听得出不是应付。尤其是那位领导眼眶湿润，连声叫好。真正的忠诚，不是那些伪装极好的口号，而是内心无言的表白。

常走走群众走的路

他，三分之二的时间都在路上；他，总是穿着一双黄胶鞋走村串巷。践行党的群众路线的好干部兰辉用短暂的一生，走遍了故乡的山和路；以无限的赤诚，诠释了一个最为朴素的道理——践行党的群众路线，就要常走走群众走的路。

这条路，可能是农民兄弟扁担压弯腰的田埂，可能是下岗工人天不亮推车出摊的小巷，可能是外来务工者忙碌不停的工厂流水线，可能是留守儿童上学时必须翻越的沟沟坎坎……

这条路，有时像春运的车站拥挤不堪，有时又像震后的废墟一片沉寂；有时像旅途的美景百看不厌，有时又像悲情的小说不忍卒读。世相百态，人情冷暖，这条路上每天都在真实上演；辛勤打拼，守望相助，这条路上每刻都在不断重复。它是百姓生活的一幅画，也是社情民情的一扇窗。

群众路线，简言之，就是"一来一去"——从群众中

来，到群众中去。可以说，我们绝大多数的党员干部都是
从这条路上走过来的，衣上都带着路上的尘，鞋上都带着
路上的泥，就像孩子对母亲、游子对故乡，都有着与生俱
来、难以割舍的感情。

但是，为什么一些党员干部走着走着就迷了路呢？
直到接受党纪国法严厉裁处之时，有的才猛然记起自己的
"放牛娃"出身，有的才痛哭流涕追悔无法照料年事已高
的老母亲。甚至，有的可怜兮兮地恳请保留自己的党籍。

从草鞋到皮鞋，从牛车到小车，从衣衫褴褛到西装革
履，境遇变了，条件变了，可党性不能沾尘，官德不能沾
泥！邓小平同志讲，共产党员是普通人中的先进分子。不
论做多大的官、掌多大的权，都是普通群众的一员，都
是老百姓的娃儿，只不过权力越大责任越大、付出应越多
而已。

干部勤走"忧心路"，群众才能走上"放心路"。常走
走群众走的路，就会更加体贴群众生活的不易，更加了解
社会转型的艰难，更加领会执政为民的深意。这条路上，
党员干部是拉车的人，推车的是群众。没有亿万群众的齐
心协力，车不仅跑不快，陷进泥坑了也难拉出来。

群众路线，有"路"才有"线"。常走走群众走的路，
才能确保党群关系始终不断线。这条路上，不仅有坐在办

公室里听不到的实情，更有隔着玻璃窗换不来的真情。常摸摸群众手上的茧，思想上会不会少长些"茧"？常坐坐群众的炕，处理棘手问题时会不会少一些难堪？常听听群众的抱怨，为党付出时会不会少一些怨言？实践证明，你把心交给群众，群众就会把手交给你，与你手牵手，肩并肩，心贴心。

世间的路千万条，人生的路也不是唯一。但对于9100 多万名党员而言，不论选择哪一条路，不论采取哪一种走法，都不要忘了常走走群众走的路。因为，自诞生的那一天起，我们党始终与群众是"同路人"，不论国家之强盛，还是民族之复兴，都要靠全体党员干部和亿万人民群众一块儿苦，一块儿干。

◀ .. 回味 .. ▶

回忆的画面

　　这篇发在《人民日报》的评论，适合朗诵，像一篇散文，有画面感。田埂，小巷，工厂流水线……这些画面，写时真正触动了我的内心，我小时候就是这么走过来、苦过来的。兰辉的一双黄胶鞋，踏遍山山水水，也在群众心坎留下烙印。不走走群众走的路，怎么叫走群众路线呢？！

迎着骂声干，干到没骂声

浙江安吉县天子湖镇开设"百姓讲台"，定期请村民上台来"骂"干部，且全程电视直播。据说"红红脸、出出汗、排排毒"的效果比较明显，有的干部被骂得"头都抬不起来"，"第二天就上门办公，彻底解决了问题"。

任何政党，任何政府，任何领导，都不可能百分之百保证不挨骂，关键是对待骂的态度。对于群众的骂声，领导干部有的不以为然，有的视若不见，有的严防死守，有的一触即怒，甚至动用行政司法权力搞打击报复。如此一来，不但无助于骂声止歇、问题解决，反而会加深情绪对立、激化矛盾。

应该看到，骂声里面有群众的真切心声和强烈呼声。各种骂声多，说明党员干部的作风形象还不够好，说明政府机关的工作还有不尽如人意之处，说明与基层、百姓贴得还不够近，说明民主监督渠道还不够畅达，说明我们的努力与群众的期待还有差距。

历史一再证明，没有几个朝代和政权不是在人民的骂声中灭亡的。谁不把人民的骂声当回事，谁防民之口甚于防川，谁就会上演"霸王别姬"的惨剧。在人民呼声中得天下的中国共产党，更注重在人民的骂声中治天下。

延安时期，毛泽东就有两次著名的挨骂经历。第一次被骂"为什么不劈死毛泽东"，他深刻指出，群众是水，共产党是鱼；水里可以没有鱼，鱼可是永远也离不开水。第二次被骂"世道不好""共产党黑暗""毛泽东领导官僚横行"，我们党为解决"鱼大水小"问题，先后实行了三次精兵简政，开展了轰轰烈烈的大生产运动，并把有无认真的自我批评，作为区别于其他政党的显著标志。

试想，如果没有群众这两次出格的"破口大骂"，如果不从骂声中想得更远，我们党又怎会做出如此具有重大历史影响的决定，又如何能赢得亿万群众铁心跟党走！所以说，真正的共产党人"不怕骂"，怕的是对群众的骂无动于衷、麻木不仁，怕的是对群众的骂不以为然、怒火中烧。

1942年3月9日的《解放日报》社论提出了一个发人深省的问题："群众难道不是共产党的天然和法定的监督者和审查者吗？共产党之所以区别于其他非群众的党派，所以得到胜利的发展，难道不是群众的这种监督审查的结果吗？"正因为找到了这个"天然和法定的监督者和审查者"，我们党才有信心和能力跳出"历史周期率"，团结和带领全国各族人民实现民族伟大复兴的中国梦。

当下中国正处于改革攻坚期、利益调整期和矛盾凸显期，人民群众参与国家民主决策、过上美好生活的愿望更加强烈。骂声最多的地方，也是困难最多、矛盾最复杂的地方，党员干部不仅不能躲，而且要迎头上。从群众的尖锐批评之声中，我们要清醒地看到成绩背后的问题、繁荣背后的隐忧，不仅把骂声作为改进作风的镜子，更把骂声作为推进工作的鞭子，在骂声中倾听民声，在骂声中纯洁党性，在骂声中减少失误，迎着骂声干，干到没骂声！

◀ .. 回味 .. ▶

"骂" 就一个字

　　若没有"骂"字，这篇文章就没啥看头了，感谢《新湘评论》（注：杂志前身为毛泽东创办的《湘江评论》）一字不改、原文照登。为什么要迎着骂声干，因为骂声最多的地方，也是困难最多、矛盾最尖锐的地方；为什么要干到没骂声，这不是一般的要求，而是极高的要求。尤其是社会转型期，在处理人民内部矛盾上，我们更加需要这样的胸襟和气魄。

宁吃"黄良"苦，不受"断肠"惑

刘伯温尝以"黄良""断肠"二草，借喻识人用人之道。称黄良"味如人胆，禀性酷烈，不能容物"，然"煮而服之，推去百恶，破症解结，无秽不涤，烦疴毒热，一扫无迹"。断肠草"其状如葵，叶露滴人"，然"流为疮痍，刻骨绝筋"。

治国之要，唯在得人。得人识人无他，识"黄良"而弃"断肠"也。2014 年 5 月 9 日，习近平总书记在指导兰考县委常委班子专题民主生活会时强调："让埋头苦干、真抓实干的干部真正得到重用、充分施展才华，让作风飘浮、哗众取宠的干部无以表功、受到贬责。"仔细思量，那些苦干实干者与黄良之药，那些飘浮哗众者与断肠之草，其状其性堪有一比。

晋朝刘毅言："为官有三难，人物难知，爱憎难防，情伪难明。"如黄良者多不善表现，秉性耿直，似断肠者多巧言令色，阿谀逢迎。纵观中国数千年治乱，识得黄良者，如获至宝，气正风清，政通人和；不辨断肠者，饮鸩止渴，腐化奢靡，江山断送，如汉文帝惑于邓通，刘秀谬于庞荫，曹操蒙于张邈，唐玄宗毁于安禄山，王安石误于吕惠卿，不胜枚举。

"佞言似忠，奸语似信。"对只有"杀人之能，而无愈疾之功"的断肠之草，历代贤明之君不仅"慎择之"，而且赏罚分明。《资治通鉴》里有个《齐威王烹阿大夫》的著名典故。即墨大夫"毁言日至"，但使者视之"田野辟，人民给，官无事，东方以宁"，固封之万家。阿大夫"誉言日至"，但使者视之"田野不辟，人民贫馁"，"赵攻鄄不救，卫取薛陵不知"，因为这些称誉是"以厚币事王左右"得来的。齐威王盛怒之下，烹阿大夫及左右尝誉者。于是群臣悚惧，莫敢饰诈，务尽其情，齐国大治，强于天下。

"黄良"还是"断肠"，其实不难分辨。但为什么有的明知是毒药，却趋之若鹜，甚至欲罢不能？究其原因，主要是迎合了自身的某种特殊需要：习惯了前呼后拥，不习惯轻车简从；习惯了歌舞升平，不习惯清苦清贫；习惯了俯首帖耳，不习惯犯颜直谏；等等。有的甚至互相利用，搞成了"利益共同体""命运共同体"，利益均沾，风险共担，对阿谀浮夸者平时惯着宠着，出事则护着罩着，无能却委以重任，"带病"照样提拔。

　　一些领导干部嘴上强调"不让老实人吃亏"，心里则想"不让老实人吃亏谁吃亏？"有的尽管对老实人大树特树，但认为老实人撑不起大局面、挣不来大面子、出不了大政绩，一到提拔重用就轻拿轻放，"口惠而实不至"。试问，倘若埋头苦干者没有奔头，真抓实干者尝不到甜头，谁来做那些见效慢的基础工作，谁来抓那些难出彩的长远工程？如果让那些作风飘浮、哗众取宠者吃香，善搞"政绩泡沫""经济泡沫"者得利，则不仅伤了实干者的心，更导致党的基业受损。

　　"用一贤人，则贤人毕至；用一小人，则小人齐趋"，堪为古今至理。坚持"立"实干家、"破"虚浮者，必定风气正、人心齐、事业兴。

◀ .. 回味 .. ▶

用人且疑

　　黄良苦口，但能治病；断肠色艳，杀人无形。识人不易，我们不是神农氏，也没有那么多功夫遍尝百草，有时难免把断肠草当灵芝草，对自己的伤害事小，对事业的损害极大。断肠草混在百草之间，可能很快崭露头角，一时万千宠爱。所以事先要识，用人且疑，越是用得顺手之时，越要存一分"戒心"。

祖国和人民永远不会忘记

思念是春节最难以动筷的一道主菜。

风雪再大，也不能阻挡人们回家的脚步；关山万重，也不能阻隔战士想家的念头。

当我们匆匆寄走最后一批贺卡，当我们围坐在一起开始剪贴鲜红的窗花，当我们轻轻地拨通电话："妈，今年过年我不能回家！"

思念，已不可遏止地涌上心头，湿润双眸。

我们思念远方不能团聚的亲人，更怀念那些永远离我们而去的战友！

没有昔日的枪林弹雨，哪有今天的杏花春雨？没有昔日的腥风血雨，哪有今天的呢喃私语？

有名的，无名的，他们都有一个共同的名字——英烈！

烽火烛天，和平树下，他们都是千秋万代共同的仰望——丰碑！

英烈的魂是一个民族的魂，英雄的胆是一支军队

江姐（插图／俞坚）

的胆。

他们的身上凝聚了中华民族最优秀的品质，他们的身上熔铸了人民军队最可贵的基因。

这种品质，是中华民族渡过苦厄、愈挫愈勇的法宝！

这种基因，是人民军队战无不胜、攻无不克的利器！

一位哲人说，所谓信仰，就是一种传承的欲望。没有传承的欲望，就谈不上什么信仰。

对英烈最好的告慰，就是传承他们的品质，传承他们的基因，高擎他们用鲜血染红的战旗，默默地守卫万家灯火，坚定地捍卫世界和平。

我们不能让英烈的亲人受到一丁点儿委屈，因为他们的亲人就是我们的亲人。

我们更不应让英烈的坟头长出荒草，因为我们心灵的家园永远不会荒芜！

◀ .. 回味 .. ▶

评论怎么能这么写呢

　　记得当时在南苑机场刚下飞机，就接到《解放军报》总编室刘兴安副主任的电话，嘱我为过年的新闻策划配几篇言论。我谦让一番就答应下来，因为那时刚调到评论部，名气不大，底气不足。这组言论发在军报要闻版上，每篇只有五六百字，但基本都是版面头条、五栏通栏，在"寸土寸金"的要闻版，当时不多见也不敢想。个别领导很生气："评论怎么能这样写呢？！一句话就是一段，还讲不讲逻辑了！"尽管不按套路，但绝大多数同仁认了、读者认了，多少年后回过头来读，内心依然有点小得意。

每个人心里都住着一个"雷锋"

如果不是到京西宾馆附近的小店吃碗面，如果不是不经意间瞥见了墙上的学雷锋活动剪影，也许很难想象，窄得连过道都摆满桌子的一家小店，却把"学雷锋做义工"作为每年 3 月的头号工作；一名寡言少语的普通厨师，把做好事当成寻常事，几乎每月都荣登小店的"善人榜"。

人性本善，每个人的心中都住着"雷锋"，只不过有的醒着，有的睡着。学雷锋不是强加给人们的道德绳索，而是深藏在每个人内心深处的道德自觉。雷锋的伟大，源于平凡；雷锋的高尚，来自向善。他朴实无华，没有惊天动地的英雄事迹；他出身穷苦，属于地地道道的"草根"。然而，他用一滴水滋润了大地，用一缕阳光温暖了人们的心灵。雷锋的事迹告诉我们，只要不忘心中的良知善念，人人皆可成为高尚的人、伟大的人。

当下，一些人总是埋怨道德滑坡，指责诚信缺失，感叹世风日下，但是扪心自问：老人你扶了吗？善款你捐了吗？红灯你闯了吗？垃圾你分类了吗？……这些，不过是举手之劳，但带给他人的是心灵的感动、长久的温暖；有的不过是基本素养，但只要自己做到了，不仅是帮助他人，也是在善待自己。每一个人都是社会大家庭的一员，风气建设人人有责。少当坐而论道的评判者，多做积极务实的行动者，比什么都重要。

不求回报，其实是最大的回报。拾金不昧，也许没有千金相馈，但一声发自内心的"谢谢"，何尝不是最好的回报；扶贫济困，也许原本囊中羞涩，但内心的富足才是真正的富足。庄子认为，"德"即为"得"。所谓大德大得，小德小得；无德而得，必遭谴责。即使得到了不该得到的，到头来也会竹篮打水一场空。

据报道，北京自 2012 年 3 月 1 日开展"学雷锋志愿者——我报名"活动以来，短短 3 天，报名群众就突破了 25 万。这让我想起了郭明义的 620 多万微博粉丝，想起了抚顺雷锋纪念馆接待的 6000 多万游客，想起了雷锋班收到的 47 万多封来信，想起了汶川抗震时的十万"亲友团"，想起了北京奥运会、上海世博会的百万志愿者……

向善之念，人皆有之；行善之举，众皆可为。学雷锋不是一阵风，而是四季风；雷锋也从未离开，他一直住在每一个人的心中！

◀ .. 回味 .. ▶

叫醒那个 "他"

2012年全国"两会"期间，连续写了3篇关于学雷锋的评论。这篇是在路边店吃面的偶得之作。它不仅提供了一个写作的范例，更提供了一种灵魂的启示——心中若无善念，笔端怎生善文？为文之道，既非思想、文采，也非采访、角度，而是心存善念、躬身善行。

好花生在刺梨蓬

民歌是从《诗经》的"坎坎伐檀"声里流淌出来的，是从"八百里秦川一声吼"里浸染出来的，每一个字里行间不仅有音律跳跃，更有哲思闪耀。

"好花红来好花红，好花生在刺梨蓬，好花生在刺梨树，哪朵向阳哪朵红……"布依族的这首民歌，越听越值得玩味——越是刺梨蓬中之花，越有脱俗之美；越是坎坷崎岖之境，越能砥砺人生，年轻干部的成长尤其如此。

"人在事上练，刀在石上磨。"温室里的花朵经不起风雨的摧折，刺梨蓬中的花朵经风雨洗礼则分外妖娆。古往今来，凡成大材、成大事者，没有几个是自始至终顺风顺水的，"劳其筋骨，饿其体肤"只能算是"共同科目"。经历人生之大起大落者不可胜数。

初中课义里有篇《伤仲永》，出名过早而后天不加勤奋，最后只能落得"泯然众人矣"的千古喟叹。相反，明朝首辅张居正则没有变成"仲永第二"。

一代名相张居正少负盛名，有"江陵才子"之称，参加乡试时年仅 13 岁。时任主考湖广巡抚顾璘，从培养"大材"而非"中材"考虑，坚持让他"落榜"。3 年后，张居正再次应试成功，顾璘才对他言明实情，并解下自己的犀牛腰带相赠。张居正时常以此砥砺自省，始终心存感激，言"感公之知，思以死报"。

无独有偶，"心学"鼻祖王阳明也有一段妙喻："譬之金之在冶，经烈焰，受钳锤，当此之时，为金者甚苦；然自他人视之，方喜金之益精炼，而唯恐火力锤煅之不至。既其出冶，金亦自喜其挫折煅炼之有成矣。"从入炉时的"甚苦"，到出炉时的"自喜"，宝剑良弓就是这么锻造出来的。

道理虽浅，行之却难。尤其是当下弥漫的功利思想、浮躁心态，对年轻干部的成长观产生强烈对撞。比如，有的喜欢从高层"空降"，不愿从基层"起跳"；有的宁愿在大城市"蜗居"，不想到小地方去闯荡；有的只想着"破格"，不愿意"蹲苗"；有的只想着"搭天线"，而不是琢磨如何"接地气"……

习近平总书记曾讲："我 1969 年从北京到陕北的延川县文安驿公社梁家河大队插队落户，7 年上山下乡的艰苦生活对我的锻炼很大。"正是当"村官""县官"的难忘经历，总书记对年轻干部的成长格外看重，反复强调"让他们经受吃劲岗位、重要岗位的磨炼，把重担压到他们身上"。

软肩膀挑不起硬担子。若是做个古今对比，今天的"官"可能更难当，能力素质要求更全面，哪一个行当不在行都不行。年轻干部尤其要主动往矛盾多的地方去，往"刺梨蓬"中走，在基层岗位的实践历练中，积累处理复杂棘手问题的经验，增长驾驭全局、不断破局的才干。

金一南在《苦难辉煌》中曾这么写道："那是一个年纪轻轻就干大事、年纪轻轻就丢性命的时代。无一人老态龙钟，无一人德高望重。无一人切磋长寿、研究保养。需要热血的时代，便只能是年轻人的时代。"

"好花生在刺梨蓬，哪朵向阳哪朵红。"所谓"向阳"，就是始终跟党走、为国奋斗，保持一颗赤子之心，就像朱德总司令讲的那样："要想着接班，而不是接官。"

◀ .. 回味 .. ▶

哪怕无人得见

人生的前半程，不管在体制内，还是在体制外，都容易"着急"——急着挣钱，急着升职，为自己急，也为家庭急。一着急就容易焦躁，不愿意吃该吃的苦、受该受的委屈，三言两语不和就急眼。布依族的这首《好花红》让我感慨良多：我们好比刺梨（又名茨梨）蓬中的一朵小花，出身如此没法改变，但只要足够倔强、足够鲜艳，哪怕无人得见，也会照亮一片山坡，温暖整个春天。

人生是一场自律

一位朋友感叹：马拉松不用跟谁比，需要战胜的只有自己，跑步其实是一种自律。听完颇受触动：人生何尝不是一种自律！

曾国藩早年入翰林之时，立下"学作圣人"的宏誓大愿，但也常常陷于不能自律的纠结。譬如，"见人围棋，跃跃欲试""有俗事来扰，心亦随之而驰""无事出门，如此大风，不能安坐，何浮躁至是！"……

曾国藩的率真，在于毫无避讳。说戒色，"注视数次，大无礼"；说轻利，"座间，闻人得别敬，心为之动；昨夜梦人得利，甚觉艳羡"。

利也好，色也好，这个世人皆有之"常心"，曾国藩却痛责为"卑鄙""下流"，并下定决心"日日自苦"。无怪乎毛泽东言："愚于近人，独服曾文正。"

其实，人生的自律并不是那么"高大上""光伟正"，而是渗透于"吃喝拉撒"。拿自家打个比方：父亲患病，少打牌、少抽烟，就是一种自律；老婆每天下班给孩子做了丰盛晚餐，但忍住少动筷子，就是一种自律；闺女每天放学，先把作业做完再去玩，就是一种自律……

很多时候，自律是"被迫"的，就像没伞的孩子，下雨了只能跑快一些。初到北京时，我跟许多"北漂"一样，也面临着站稳脚跟、出人头地的挑战。在整整八年当中，最可得意之处，就是坚持了每天晨起读书写作，有时眼屎都未及擦干。

先他律而后自律，虽有那么一点不情愿，但相对要轻松得多。当没人逼你勤奋时，则更需要自律了。2018 年落马的两位省部级高官，财政部原副部长张某某、贵州省原副省长王某某就是典型例子。两人政治上变质、经济上贪婪、道德上堕落、生活上腐化，就在于对公权没有敬畏之心，"自律"二字早就抛到了九霄云外，想捡回来时已追悔莫及。

律己方能及人，对自己要求严，才能对子女严、对亲友严、对部属严。有的人"一人得道，鸡犬升天"，身边人跟着飞扬跋扈、为所欲为；殊不知"一人失足，鸡犬不宁"，日后一把归零，落得个妻离子散、家破人亡的悲惨结局。

马拉松是一种自律，自律也是一次马拉松，与自己的斗争须臾不可放松。人生的许多事情，想一想就可能算了，忍一忍就可能成了，检验的是坚持到底、斗争到底的韧性。一个人能成多大事，往往取决于他有多自律。

管子云："釜鼓满则人概之，人满则天概之。"意即釜鼓满了，人要把它刮平；人自满了，天要把他刮平。自律是一种誓不罢休的要强，也是一种见好就收的看淡。曾国藩追求的不是人概、天概，而是"自概"："吾家方丰盈之际，不待天之来概、人之来概，吾与诸弟当设法先自概之。"无此如入化境之自律，何以成就"三不朽"之完人？

40岁以前是修养，40岁以后是修为。人生如分明的四季，一个年龄阶段有一个年龄阶段的"心经"。冷静想一想，真正改变你命运的人，以及真正"过了命的兄弟"，其实不过"巴掌"之数。再放大一点，真正能随时喊出去喝杯闷酒的，能随时张口借钱的，恐怕掰着指头能数过来。故而，能做的减法则做，能不做的加法少做。

自律者天助之。自律的人生，或有清贫清苦之缺憾，然则少了"人概""天概"之隐忧。

◀ .. 回味 .. ▶

自 律 给 我 自 由

　　"自律给我自由"，很喜欢"Keep"开屏时的这句话。自律是一件极难之事，普通人很难持之以恒，就连曾国藩当年也有难以把持之时；自律也是一件极苦之事，意味着许多好玩的不能玩了，许多想要的不能要了。但自律也给人自由，自律者心无旁骛、神游八极，认准的事一干到底，不屑的事置之不理，何其解脱与超脱！

不忘初心，好比捏针远行

　　小时候常听一句土话："宁挑百斤担，不愿捏根针。"意即行路十里八里，百把斤担子几乎压不倒山里人，但谁也不敢吹牛能把一根针捏到底。

　　越是简单的俚语，越是蕴含着深刻的道理。2016 年，习近平总书记在庆祝中国共产党成立 95 周年大会上的重要讲话中强调："不忘初心，继续前进。"如何不忘初心？就是一切向前走，都不能忘记走过的路；走得再远、走到再光辉的未来，也不能忘记走过的过去，不能忘记为什么出发。每一个共产党人，应始终怀有手里"捏根针"的谨慎警醒。

　　相较于百斤重担，捏根细针看似轻松得多，但路途越远，可能越费劲，越容易疏忽。十里八里难以坚持，何况"行程万里"？许多高级干部落马后，人们在鄙夷谴责的同时，也理性地看到一点：他们并不是一开始就变坏的，刚入党或刚参加工作那会儿，甚至更长的一段时间内，无不兢兢业业、洁身自好，也"是个好青年"，否则不可能后来干出实绩、受到重用。像谷俊山那样的巨贪，每一步都靠投机钻营、跑跑送送的毕竟是少数。

但是，有的走着走着就忘记了手里捏着的那根针，或粗心大意忘了，或不以为然扔了。王立军、文强被查前不都是名震全国的"打黑"英雄吗，但为什么后来成为黑恶势力的保护伞？就是以为自己是"扛大活""干大事"的，区区一根小针何足挂齿！包括一大批比他们级别更高的贪腐官员，无不是温水煮青蛙，一点点丧失原则立场，一步步滑入深渊的。

翻看贪官的悔过书，几乎第一条都是放松了理论学习，放松了思想改造。大家很纳闷，平时大会小会，领导讲起来不都是一套一套的吗？原因不外乎两点：一是那些讲话根本不是自己写的，他们只是一个装模作样的传声筒；二是即使学了，也不是用来武装头脑，而是用来"给下面做指示，提要求的"。理论一旦沦为装点门面的工具，只会使人狂热，何曾令人清醒？！

不少老党员都谈到，过去最怕开小组会、支部会。一搞批评与自我批评，常常劈头盖脸一阵批评，被弄得面红耳赤，如坐针毡，抬不起头来。但相当长一段时间内，这一传统被丢得差不多了，有的领导干部一年难得参加一两次党小组会，即使参加了也是"作指示"，而不是以普通党员身份参加。至于党委民主生活会，竟然出现对相互提意见事先通气，甚至搞"预演"的咄咄怪事！事实证明，严格的党内生活就是锻炼初心的"八卦炉"，常用"三昧真火"炼一炼，才能为党性提纯。

"慈母手中线，临行密密缝。"不忘初心，让我们把视线重新拉回到一根针上，一件衣上。为什么一些高级干部等到银铛入狱时才想起自己的"放牛娃出身"？因为他们随着职务升迁、权力增大和诱惑增多，逐渐忘记了母亲的嘱托，忘记了乡亲的期望，忘记了许多基本的做人做事的道理。我们共产党人的党性从来不是空中楼阁，而是根植于中华民族数千年的文化传承。守住做人做事的底线，才能守住为官用权的底线。

"靡不有初，鲜克有终。"黄炎培在"窑洞对"中有一段话至今令人回味。他说，"大凡初期聚精会神，没有一事不用心，没有一人不卖力，也许那时艰难困苦，只有从万死中觅一生。继而环境转好了，精神也渐渐放下了"。是啊，这就好比捏根针，一开始都会小心翼翼，但十里八里，乃至千里万里之后，会不会"渐渐放下"呢？

渐渐放下了，就会被历史退回来，退回来就失败了。所以当年毛泽东、周恩来说，不要退回来，我们都希望考个好成绩。习近平总书记说，这场考试还没有结束，还在继续。只要我们不忘初心，始终怀有手里"捏根针"的谨慎警醒，我们就能在一场场的历史性考试中经受考验，努力向历史、向人民交出新的更加优异的答卷。

◀ .. 回味 .. ▶

宁愿捏根针，不要被扎针

"捏针远行"这比方，有点"慎微"的意思，走个十里八里，能把绣花针捏稳不掉，那是需要真心劲的。难是难了点，但总比生了病，甚至得了重病，被强行扎针的好。

放下"小我"，方有"无我"

"我将无我，不负人民。"习近平主席在访问意大利时的这句坦荡之言，不仅向世界传递了大国领袖的人民情怀，也向世界展现了新时代中国砥砺奋进的信心与力量。

非常之时，必待非常之功；非常之功，必待非常之境。习近平主席讲这句话的背景，也有两个"非常"——"这么大一个国家，责任非常重、工作非常艰巨。"

王国维在《人间词话》里，提出了"有我之境"与"无我之境"，并作了一番有趣的探究："有我之境，以我观物，故物我皆着我之色彩。无我之境，以物观物，故不知何者为我，何者为物。"

说句大白话，"有我之境"主要是"我"的色彩太浓，时时事事有个"我"的影子。而"无我之境"则心超物外，不为物役，物我两忘。这其实与庄子对事物矛盾同一性的看法异曲同工："非彼无我，非我无所取。"

由此想到，要达到习近平总书记倡导的"我将无我"

之境界，必须先放下"小我"。

不可否认，"无我"是共产党人的至高境界，"有我"则是党员干部的生活常态，就像马克思所言："'思想'一旦离开'利益'，就一定会使自己出丑。"这里强调的不是一步到达"无我"，而是逐步放下"小我"。

2019年3月21日，江苏盐城响水化工厂爆炸事故，再次引起了人们对形式主义、官僚主义的申斥和反思，有的中央媒体还史无前例地严厉指出："是时候该给形式主义敲响丧钟了。"其实，形式主义、官僚主义的背后，掩盖的是一些官员的不作为不担当，而不作为不担当的"皮袄"下露出的就是"小我"的尾巴。

"责任无限，权力有限"，这句话表面上说的是工作压力、纪律约束，实质上抱怨的是待遇享受，即原来附着在权力上的那些"灰色"东西少了，"暖风熏得游人醉，直把杭州作汴州"的日子一去不复返了。正是基于这种心态，有的奉行"不做不错，多说少做"的庸俗官场哲学，在矛盾问题处理上"耍太极"，极尽责任上推下卸之能事。

"小我"最大的特点，就是做什么皆以"我"为圆心，以利益为圆规，所以画来画去无非是个人的得失进退，久而久之，就会器量越来越小，满腹牢骚怪话；格局越来越小，一叶障目，不见泰山。尤其令人忧心的是，这种懈怠无为的"情绪之毒"还会传染，会严重影响一个单位、一个部门大家干事创业的心劲。

一位领导干部讲，现在虽然规矩严了、约束多了，但只要真想干事就一定能干成事。从《关于进一步激励广大干部新时代新担当新作为的意见》到《关于解决形式主义突出问题为基层减负的通知》，中央出台的这两份文件就是要为敢作为敢担当者撑腰鼓劲、减负松绑。倘若仍抱着一己之私、一时之利，萎靡不振、畏葸不前，那真是有负党恩、有负人民。

放下"小我"，需要经常性的严格的党性锻炼。"本来无一物，何处惹尘埃"实际上是很难做到的，还是要"时时勤拂拭，勿使惹尘埃"，因为"扫帚不到，灰尘照例不会自己跑掉"。其实，担当作为本身就是一种党性修养锤炼，刀在石上磨，人在事中练。理论与实践是一致的，立说与立行是统一的。

"我将无我"，胸怀的是天下苍生，放眼的是民族复兴，浸润着中华优秀传统文化，更应成为每一名共产党人的奋斗目标。复杂严峻的国际国内局势时刻提醒我们，中国梦不是敲锣打鼓轻轻松松就能实现的，我们肩上有千斤重担，脚下有千山万水，眼前有千难万险。

◀ .. 回味 .. ▶

皮袄藏不住"小"

高考前，老师反复强调一个答题方法：先易后难。这一招对那些学习成绩中不溜的学生，还是相当管用的。自古以来，"无我"之境，代表至高之境，绝非常人所能达到。但这是否意味着我们就不去追求了呢？我看先把"小我"放下或"小我"缩小，还是可行的。鲁迅先生批判"皮袄下的小"，其实跟皮袄没啥关系，小鼻子小眼的人穿什么都会露出那个"小"来。

致敬"王继才们"

　　一篇文章让人读罢感怀不已，一个典型再次感动亿万国人。2018年，所在单位党委专题组织学习守岛民兵王继才的先进事迹，让我朗读通讯——《坚守32年，王继才永远留在了开山岛》。读着读着，情绪几近失控，几度哽咽。

　　一位同志发言时说："换我念，也会念不下去。虽不认识王继才，却一点也不陌生。"他讲述了一段亲身经历：父亲当过部队农场场长，也是一位守岛人，自己8岁就跟着上了岛；去年陪父亲回小岛转转，他大老远竟然认出了30年前负责开水闸的老职工，两位老人见面相拥而泣。大家听后陷入沉思：这位父亲像不像王继才？开水闸的老职工又是不是王继才？

　　平凡的人给我们太多感动。王继才没有惊天动地的事迹，没有跌宕曲折的传奇。他一辈子只干了一件事，守岛；一辈子只干了一件大事，为国守岛。30多年前，当登上这座"馒头大的岛"时，他不会想到自己会成为"名人"。支撑他走过孤寂旅程的，不过是质朴的承诺和坚定的信念。

其实，很多人的身上都有一点王继才的影子。守岛坐"水牢"，父母难尽孝，孩子没带好……王继才吃的这些苦、受的这些累，很多人是不是同样吃过受过，甚至更辛酸坎坷？不管出身如何、岗位如何、境遇如何，生活给人的并不都是晴天和笑脸。我们说不忘初心，就是要经常回到我们当初最苦最累最无助之际，静下心来去看一看、想一想，从而不断校正人生的方向，汲取前行的力量。

其实，每个人的身边都有无数的王继才。我们被"感动中国人物""时代楷模"感动，被受到表彰的典型感动，但有没有为身边平常的人和事浸润眼眶？他们或许只是哪天主动多加了几小时的班；他们或许不是高风格、热心肠，只是有寻常的一句关怀、关键的一句提醒、主动的一份承担。但这些普通的人和事，恰恰构成了我们生命中温暖而又值得回味的内容，给予我们接续奋斗、甘于奉献的无穷力量。

我们致敬王继才，更致敬那些"像王继才同志那样长期在艰苦岗位甘于奉献的同志"。共和国，由千千万万的普通脊背共同支撑。没有农民的"面朝黄土背朝天"，哪来"稻菽千重浪"？没有工人的"每天每日工作忙"，哪来"世界变了样"？没有军人的"替你负重前行"，哪来的"岁月静好"？王继才的脊背撑起了开山岛，千千万万个王继才的脊背撑起了共和国。正如鲁迅先生所言：我们从古以来，就有埋头苦干的人，有拼命硬干的人，有为民请命的人，有舍身求法的人……这就是中国的脊梁。

平凡是非凡之母，甘于平凡才能创造非凡。当年，黄旭华为研制核潜艇，离家 30 年，归来时母亲已经 93 岁。王继才 32 年的孤独坚守，与黄旭华 30 年的隐姓埋名何其相似？我们的事业很伟大，但多数岗位很平凡。不论是造核潜艇，还是守卫小岛，只有更多的人愿意坚守平凡，我们的社会才会少一些功利和浮躁；只有更多的人愿意在平凡中追求非凡，我们的国家和民族才能闯过复兴路上的风风雨雨。

◀ .. 回味 .. ▶

子非 "继才"

《人民日报》发表此文后，约我再写一篇关于王继才的，说明这篇文章反响还是不错的。但我实在写不出第二篇了，除非再哭一次。"子非鱼，焉知鱼之乐？"子非王继才，焉知王继才的"孤独寂寞冷"？在党委会上念习近平总书记批示过的那篇通讯时，我想起了去过的面积仅0.34平方公里的浪花岛，也想起了自己这些年走过的坎坷、受过的委屈，真是有种放声大哭的冲动。有的人也许羡慕默默无闻的王继才，突然受到最高礼遇，殊不知这是他用32年的孤独坚守换来的。人的一生又有多少个32年？！

常回源头看看

2019 年 5 月 20 日，习近平总书记在江西于都中央红军长征出发纪念馆无比动情地说了四个"不要忘了"：我们要饮水思源，不要忘了革命先烈，不要忘了党的初心和使命，不要忘了我们的革命理想、革命宗旨，不要忘了我们中央苏区、革命老区的父老乡亲们。

2019 年 5 月 13 日，中共中央政治局召开会议，决定从 6 月开始，在全党自上而下分两批开展"不忘初心、牢记使命"主题教育。仅仅过了 7 天，习近平总书记便专程寻访中央红军万里长征出发地，可谓意味深长。

不论大江大海，还是小溪小河，皆有源头。正是涓涓细流，汇成了奔腾江河。除了地理之源，一个民族、一个政党，更有其精神之源。"长征之源"就是我们党和人民军队的精神之源，就是奋斗的初心。80 多年前，于都河守住了一个天大的秘密，护送 8 万红军安全渡河，踏上震古烁今的万里长征；80 多年后，我们要向老区人民兑现一个天大的承诺："共产党就是为人民群众谋幸福的，党中央想的就是千方百计让老百姓过上好日子。"

　　常回源头看看，方能校正奋斗的方向。越成功，越容易迷失；位置越高，越容易发飘。成就人生、成就梦想，既要有槟榔树拔节入云端的冲劲，也要有竹子长一点打个节的审慎。一些贪腐官员锒铛入狱后，才可怜兮兮地讲起自己的放牛娃出身，实在是悔之晚矣！平时多想一想当年的初心，想一想老母亲的叮咛，何至落到今天这步田地？人非圣贤，何况圣贤也讲"一日三省吾身"。常回源头看看，如果目标跑偏了就及时纠正过来，走错了岔口就赶紧退回来，防止能力越大、本事越强，反而南辕北辙、误入歧途。

　　常回源头看看，方能拨开思想的迷雾。过去风气不好的时候，不少同志失望之余也很迷茫，看不清形势也看不到未来。一位老领导就此打了一个生动比方：你看现在的河流，有的地方沉渣泛起，有的地方泥沙堆积，有的地方甚至污水横流，但你走到每条河的源头看一看，哪一条不是碧浪清波？这段话让我至今记忆深刻。是啊，每一条河流要么发源于深山茂林，要么起源于雪山之巅，不是清冽的泉水，就是圣洁的雪水。想想我们党的宗旨，想想无数鲜血染红的党旗，想想新的长征路上的辛勤打拼，还有什么浮云能"遮望眼"，还有什么雾霾会沾染呢？

井冈山（插图/傅堃）

　　常回源头看看，方能积攒前行的动力。人皆有惰性，走得太远太久，总想歇一歇，甚至滋生享受享乐之念。一个政党亦然，精神懈怠始终是执政的最大危险。尤其是日子越过越好、位子越来越高之时，党员干部越要回想一下过去的苦日子、紧日子、难日子。毛泽东同志曾讲，酸菜里面出政治。当年，延安窑洞的咸萝卜干白菜，打败了蒋介石的"满汉全席"，陈嘉庚经过亲身调研对比，大声疾呼："中国的希望在延安！"常回源头看看，既是对初心的找寻，更是对初心的提纯。尤其是对没有经历过战争、饥荒的年轻党员干部而言，当初参加工作也许并没有革命前辈那样崇高的理想信念，只是为了让自己和家人生活得更体面，但实现中华民族的伟大复兴，何尝不是一次新的伟大长征，何尝不是一场与强敌对手过招的生死博弈？2018年以来美国政府悍然发动的贸易摩擦，包括对华为的全面封杀，就是活生生的例证。如果失去了砥砺前行、众志成城的精气神，山河破碎、任人宰割的历史悲剧会不会重演？

　　常回源头看看，初心如昨，使命催征。

◀ .. 回味 .. ▶

精神之源

2019 年国庆大阅兵学到一个常识，为什么国旗杆的高度是 28.3 米？从中国共产党成立的 1921 年 7 月，到中华人民共和国成立的 1949 年 10 月，两个时间相距 28 年 3 个月。习近平总书记讲"饮水思源"，我理解主要是指"精神之源"，包括红船精神、井冈山精神、长征精神、"两弹一星"精神、抗洪精神、载人航天精神等，构成了实现中华民族伟大复兴的灿烂精神谱系。并且，随着中国由大向强不可阻遏的历史进程，这个精神谱系还将不断续写、光耀中华。

用奋斗擦亮初心

从时间维度看，初心在过去，那是梦开始的地方；从实践维度看，初心在当下，唯有奋斗才能擦亮。

找一找初心，思考我们当初为什么出发，也许不是什么难事。但如何在担当任事、破冰破局中扛起使命，恐怕不是说说那么简单。"不忘初心，牢记使命"八个字，不能只记住前面四个字，而丢了后面四个字。

"不能学归学、说归说、做归做"，这句话，习近平总书记多次强调。反观这次"不忘初心、牢记使命"主题教育，少数单位和个人仍然存在"以学代做、以说代行"的不良现象。

比如，看上去学得很认真，说得很动听，克服了多少工学矛盾、挤出了多少业余时间，原原本本学原著、扎扎实实抓整改，但实际工作推进了多少，现实矛盾破解了多少，新局面打开了多少，那是要打一个大大的问号。

习近平总书记还严肃指出：必须正确处理干净和担当的关系，决不能把反腐当成不担当、不作为的借口。要把干净和担当、勤政和廉政统一起来，勇于挑重担子、啃硬骨头、接烫手山芋。

党的十八大以来，经过正风反腐的洗礼，不敢腐、不能腐、不想腐的态势已经形成。但是，由于没有了油水和甜头，一些领导干部感到失去了原动力，过去敢拍板的，现在层层走程序；过去敢较真的，现在矛盾逐级往上交。尽管中央专门出台了激励干部担当作为的举措，但有的还是怕担风险责任，把"不做不错"当作为官的"红宝书"和"护身符"。

"知之非艰，行之惟艰""大道至简，实干为要"。不干，半点马列主义也没有；不干，半点初心都谈不上。河北省正定县原县委办干事李亚平记得当年总书记跟他说过的一句话："只想着过舒适的生活，是平庸的追求。我是准备入'苦海'的。"

"苦不苦，想想长征二万五；累不累，想想革命老前辈。"与物资匮乏的年代相比，我们绝大多数人早已不存在什么生活上的"苦"，最主要的是精神上愿不愿意吃苦、舍不舍得吃苦，有没有为民族谋复兴、为人民谋幸福的牺牲奉献精神。舍此，只能蜕化为庸官、懒官、巧官。

我们一直在叩问初心，但初心到底是什么？我的理解，初心就是剥除了功利、小我的公仆心、赤了心。初心就像房屋，时间长了也会沾尘，最好的办法就是常常打扫，而不是时常念叨"当初这间房子是多么干净"。嘴上的念叨解决不了任何问题，扫帚不到灰尘照例不会自己跑掉。

正风反腐的深层意义，既在于正风气，更在于正三观，把颠倒的三观再颠倒回来。"不忘初心"的目的，不是让我们怀怀旧、感感恩，而是要我们"牢记使命"，担起应当担起的使命、扛起应当扛起的责任，努力做起而行之的行动者，不做坐而论道的清谈者。

列宁说过："共产主义者的心，至少有一半生活在未来。"初心源自过去，更牵引未来，但不论过去还是未来，都需要用当下的奋斗擦亮。共产党人的初心，在每一滴拼搏的汗水里，在每一个奉献的脚窝里。

◀ .. 回味 .. ▶

别把初心"喊"毛了

"初心"是个高频词，一些"初心"早丢了的人也在喊。其实，不忘初心绝不是喊出来的，而是干出来的。不干，半点初心也没有。

我爱你，中国

爱是一个很神圣的字眼，"我爱你"三个字往往胜过万语千言。在天蓝水碧、云淡风轻的金秋十月，无数国人异口同声从心底发出一句："我爱你，中国！"

当空中梯队排列成梦幻的"70"，当天安门的礼花绽放成夺目的"70"，无数人举起了手机，记录下中华人民共和国70华诞这一无比喜庆的画面。从首都到全国，从公园到街道，到处都是怒放的鲜花，到处都是红红的灯笼，对祖国的祈愿和祝福写在每一张笑脸上。

70年，一个甲子又10年。70年栉风沐雨，70年春华秋实，70年是一道深深的车辙，70年是一条亮丽的航迹；70年是一首抒情的长诗，70年是一曲澎湃的壮歌；70年是一个奋进的故事，70年是一串丰硕的果实。

70年的辉煌之歌，让我们更加铭记百年屈辱。19世纪美国外交官何天爵指出："现代的万里长城主要是由鸦片箱构筑起来的。"自1840年鸦片战争以来，中国共缔结过1175件条约，其中绝大多数为不平等条约，"只要他们报出一个国名，清政府就一一跟他们签订条约"。无怪乎毕生实业救国的张謇临死时痛陈："不幸而生中国，不幸而生今之时代。"

粮仓里看收成，饭碗里看变化，老百姓总是通过自身的生活的对比来感知国家和社会的进步。我们很难想象，70 多年前连北大教授们也为吃饭发愁。1947 年 9 月 23 日，北京大学校长胡适在日记中写道：

今天北大开教授会，大家谈的想的，都是吃饭！向达先生说："我们今天愁的是明天的生活，哪有功夫去想十年二十年的计划？十年二十年后，我们这些人都死完了。"

70 多年后的今天，"十三五"规划已圆满收官，吃饭早已被"节食"所代替。中国不仅养活了世界 18% 的人口，而且使 7 亿多人脱贫。单是这点就是了不起的世界奇迹，是对人类和平与发展的巨大贡献。

法国学者高大伟曾说："在中国面前，西方要学会谦虚。"70 多年来，世界风云变幻，风景这边独好。西方的短板逐渐压过了长板，而我们的长板则逐渐压过了短板。面对中国改革发展取得的辉煌成就，有的西方学者不得不终结自己的"终结论"，从唱衰中国转而唱衰自己。福山

在美国顶尖杂志《外交事务》发表过一篇长文，题目就叫
"America in Decay"（衰败中的美国）。

70 年艰辛探索，让我们更加深切思考个人与国家的
辩证。毋庸讳言，即使在一个国家最衰败的时期，也会有
一部分人活得很成功，但那只是个体的。70 年前，只要
刻上"中国人"三个字，不论你走到哪里，还是抬不起头
来，还是西方国家的"二等公民"。因此，才有那么多人
毅然决然回来报效祖国。钱学森回国以前可以抵几个师，
回国后作出的贡献又何止是几个军。

70 年辉煌之歌，让我们更加深切地领悟强国与强军
的辩证。国防部发言人吴谦大校在新闻发布会上动情地
说："新时代的中国，早已是山河无恙、国富兵强，我们
的飞机再也不用飞第二遍了！"如果将 70 年前的阅兵和
2019 年的阅兵做一个对比，真有时光穿越之感。历史的
教训反复告诫：枪杆子里面出和平；枪杆子不硬，腰杆
子就直不起来。没有一支强大的军队做后盾，中国由大向
强的进程就可能被打断，多少代人辛辛苦苦积攒起来的
GDP 就可能变成别人嘴里的肥肉。

风雨压不垮，苦难中开花。为祖国庆生，为人民祈
福，为明天打拼。此时此刻，14 亿华夏儿女的心中回响

同一首歌：

　　我爱你中国，亲爱的母亲。我为你流泪，也为你自豪……

◀ .. 回味 .. ▶

我 和 我 的 祖 国

2019 年，一首歌火遍大江南北，一部电影掀起观影热潮，它们都有同一个名字《我和我的祖国》。在新中国成立 70 周年这样一个特殊的时间节点，亿万民众的爱国热情被空前激发出来，汇聚成一股令人心潮澎湃的暖流。"我"与祖国的心从未贴得如此近，"我"与祖国的前途命运从未贴得如此紧。恋人之间有一万种动听的情话，但也抵不过"我爱你"这三个字，简单至极，深情至极。

让世间美好与你环环相扣

"此时已莺飞草长，爱的人正在路上。我知他风雨兼程，途经日暮不赏，穿越人海，只为与你相拥……"这首叫《世间美好与你环环相扣》的歌曲，在抖音等网络平台经常被刷到。所谓"世间所有的美好，都不及遇见你"，此歌走红网络正是由于其走心，唱出了"环环相扣"的美好。

人与人之间的相处如此，国与国之间的相交又何尝不是？2019 年 11 月 14 日，习近平主席出席金砖国家领导人第十一次会晤时指出，没有哪个国家天生独领风骚，也没有哪种模式注定高人一等。全球化时代，不应该是一部分人反对另一部分人，而应该是所有人造福所有人。国际上的事应该由大家商量着办，不能由一国或少数几个国家说了算。

英国政治家帕默斯顿有一句人尽皆知的名言："没有永远的朋友，也没有永远的敌人，永远的只是国家利益。"遵循这个逻辑，"英国优先"也好，"美国优先"也罢，都是可以理解的，要害是这种优先是不是自觉"高人一等"，是不是"一部分反对另一部分人"，甚至以损害他国利益为前提。

当特朗普发动的贸易单边主义蔓延全球之际，中国却广邀天下宾朋，于 2019 年 11 月 5 日至 10 日成功举办了第二届中国国际进口博览会，有 181 个国家、地区和国际组织，3800 多家企业共襄盛会，相较第一届进博会，增加 300 多家；累计意向成交 711.3 亿美元，增长 23%。尤其是两次扩大展览面积，仍然是一位难求。进博会的参与面之广、受欢迎程度之高，生动体现了世界各国对合作共赢的期待。

2011 年 2 月，奥巴马在硅谷晚宴上问美国苹果电脑公司行政总裁乔布斯："要在美国生产 iPhone 的话，需要满足什么条件？这些工作什么时候能够回到美国？"乔布斯毫不含糊地回答："永远不可能！"所谓"世界工厂"，不仅仅是向世界输出产品的工厂，而是需要世界来分工协作的工厂。当下，全球产业链、供给链、价值链深度融合，一个国家很难再包打天下。

中国把自己的事情办好了，对世界而言就是巨大贡献。若中国不好，世界至少有 1/5 的人口过得不好；若中国不好，世界至少有近 1000 万平方公里的区域都不会繁荣稳定。70 年前，中国一年的 GDP 仅相当于近年来一天的产值；70 年后，中国的 GDP 稳居全球第二，占世界经济总量的 15.9%，逐步成为制造业第一大国、货物贸易第一大国。中国用几十年走完了西方国家几百年才能走完的路，成为拉动世界经济增长的强大引擎，为解决世界难题提供了中国方案、中国模式。

苏轼在《思治论》中说："犯其至难，图其至远。"意思是，向最难之处攻坚，向最远处用力。世界正面临百年未有之大变局，中国正处在由大向强的关键一跃，我们既要有"图其至远"的远大追求，也要有"犯其至难"的坚韧不拔。

西方之乱与中国之治，这一现象引起了许多人的思考。其实，这个问题在很久前就有人深刻洞见。1923 年，梁启超提到西方的"精神饥荒"问题："救精神饥荒的办法，我认为东方的——中国与印度——比较最好。东方的学问，以精神为出发点，西方的学问，以物质为出发点。"

20 世纪 70 年代，两位智者汤因比与池田大作有一次跨越两年的著名对谈。池田大作问："如果再生为人，博士愿意生在哪个国家，做什么工作？"汤因比毫不迟疑地回答："我愿意生在中国。因为我觉得，中国今后对于全人类的未来将起到非常重要的作用。要是生为中国人，我想自己可以做到某种有价值的工作。"

只有世界好，中国才会好；只有中国好，世界才更好。我们真心祈愿，愿世界美好环环相扣。

◀ .. 回味 .. ▶

小美好

《世间美好与你环环相扣》这首歌是从抖音里听来的，虽然题目有点长，又有点拗口，但意境很美、旋律很美。面对当前风雨欲来、黑云压城的世界大变局，突然觉得某些不靠谱的国家不靠谱的人应该听听这首歌。从恋人到朋友，再到国与国，相处相交的原则是相通的。我不敢奢望每个国家和民族都处成恋人，也不敢奢求世界都像歌一样诗一样美好，但能不能多些发乎常情的"小美好"呢？

第二章

真理之问

"贪官之问"警醒了谁

2016 年 10 月，反腐专题片《永远在路上》在央视播出，引起社会广泛关注。多数贪官的忏悔是沉痛的。"一夜之间白头""整天以泪洗面""感到生不如死"，正是他们狱中生活的真实写照。

笔者最近认真读了一些落马高官的忏悔录，产生了一些思考。这些忏悔录堪称党员干部做人做事做官的反面教材。

留后路还是走绝路？ 为什么有人退休前仍然贪得无厌？一个很重要的原因，就是留后路的念头作祟。在位时奢靡惯了，退下来后再想延续过去的"好日子"，只有在退之前趁机捞几把。谁承想，最终只是当了一个可怜的临时"保管员"，不仅吃了的得吐出来，而且其他一切都清零。如此留后路变成了走绝路。

进圈子，还是入圈套？ 盘点落马高官，背后几乎都有大大小小的老板。在最初的交往中，这些老板都是"真朋友""铁哥们儿"，只谈感情，不谈生意。殊不知这是放长线钓大鱼，在等官员上钩。有的当初行贿时信誓旦旦，哥们儿的钱放心拿，你知我知，打死也不会说。实际上，连送一筐鸡蛋都给你记得清清楚楚。习近平总书记多次告诫，当官与发财自古以来两条道，当官就别想发财，想发财就别当官。交往不是交换，圈子即是圈套，若不洁身自好便会被"围猎"。

爱子女，还是害子孙？ 每个人都是社会的人，更是家庭的人，关心家人亲友理所当然。但一些领导干部被亲情所裹挟，总想着为子女搞点事做、对妻儿有所补偿，于是利用手中权力为他们谋利，有的金额令人瞠目结舌。然而，一旦锒铛入狱，往往闹得妻离子散，甚至家破人亡，跟着进去者有之、精神崩溃者有之、跳楼上吊者有之，惨不忍睹。看似爱子女，实则害子孙，所殃及者岂止一代？！

要监管，还是要监禁？ 落马高官中，不乏人们通常所说的能人、强人。有的自恃位高权重，把自己等同于组织，甚至凌驾于法律之上，一副江湖老大做派，谁有不同意见就收拾谁。对监督这个"紧箍儿"，总想从自己头上摘下来，戴到下属的头上去。结果，"平时没人管，一管就把自己关起来了"。监管与监禁，如果当时要做这道选择题，谁会选择后者呢?

……

警钟长鸣，才能警笛不响。忏悔录之问不仅是贪官之自我拷问，更应成为每一名党员干部的灵魂叩问。

◀ .. 回味 .. ▶

搬家总比抄家好

　　"贪官之问"是我生造出来的一个词语，非为蹭热度，而是确实值得一问。此文在中共中央办公厅秘书局主管的杂志《秘书工作》发表后，因其观点比较犀利尖锐，据说引发了一场小讨论，杂志社社长、总编还专门请我过去交流了一次。写作素材来源于闲聊时听的一个真实故事：一位老领导腾退超面积住房时有些想不通，这时司机忽然冒出一句"搬家总比抄家好"，老领导听后心气立顺。有些道理，其实很简单。

多问问"群众能这样吗"

在"两学一做"学习教育中，重新读到党章里熟悉的八个字"吃苦在前，享受在后"，不由得想起"朱德之问"。

1957年，时任国家副主席的朱德视察昆明，每天点的都是马豆尖、苦刺花、青蚕豆等家常菜。有关领导感到很过意不去，想给他改善改善伙食，第二天吃饭时专门上了一碗燕窝煮鸽蛋。朱德一见，脸色立变："群众能这样吗？"这一问，问得有关领导面面相觑。这一问，至今仍值得我们细细品味。

党的十八大以来，持续正风反腐之下，附着在权力上面的种种好处日渐剥离，越来越回归到"权力越大，责任越大"的本真状态。一些官员私下抱怨，现在用公车接送个人也被拍，宴请超标一点也被通报，当官还有多大意思？此语一出，往往附和者甚众。还有的认为，一些官员"不作为、慢作为、假作为"的根子就在这里，经济暂时不景气的原因也在这里。对这些谬论，应当理直气壮地予以反驳，群众能公车私用吗，能公款签单吗，能公费旅游吗？当官的"意思"难道就是这些？

也许有的同志会撇撇嘴说：现在又不缺这些，是不是抓过头了？其实，"不缺这些"不过是一种托词和表象，骨子里还是"当官做老爷"的思想在作怪，认为特殊一点很正常，甚至觉得不这样就显示不出身份地位。有的常常拿自己跟老板大款比，认为多少条子都是自己批的，凭什么不让他们"出点血"？自己能干到这个位置，能力素质一点儿都不差，凭什么只能拿死工资？若持此等攀比心理和不良心态，如何自觉地以百姓之苦为苦、先百姓之忧而忧？

"如果说有什么东西会把我们毁掉的话，那就是这个。"列宁所指的"这个"，就是"共产党员成了官僚主义者"，出现了一批"脱离群众、站在群众头上的特权者"。令人惋惜的是，列宁的话不幸而言中，苏联一夜之间城头变幻大王旗。这种"毁于蚁穴"式的蜕变，不是发生在血雨腥风的战争年代，而恰恰是发生在"不缺这些"的和平时期，难道还不令人警醒吗？

斯诺在《西行漫记》里有一段生动记叙：毛泽东的主要奢侈品是一顶蚊帐。除此以外，毛泽东的生活和红军一般战士没有什么两样，"他们又说当红军战士没有鞋穿的时候，他也不愿意穿鞋的。"回过头来看，正是毛泽东等老一辈革命家"不愿意"搞特殊化，才有了千百万劳苦大众的"愿意"——愿意舍弃身家性命跟着共产党闹革命。

习近平总书记多次告诫全党，越是有条件讲究的时候越不要讲究。当我们在为中国经济总量早已跃居世界第二而欢欣鼓舞时，是不是应该想一想还有多少群众没有摆脱贫困，想一想城乡差距、区域差距仍亟待缩小……破解这些复杂问题，我们仍然需要充分发扬艰苦奋斗的优良传统，"与人民群众一块苦，一块干"。

长征胜利到达陕北后，毛泽东曾经深情地说，我们党像小孩生了一场大病一样，是陕北的小米、延河的水滋养我们党恢复了元气，我们永远不要忘记老百姓，是他们支援了革命。

今天，长征已经过去了80多年，但"永远不要忘记"依然言犹在耳、振聋发聩。它时刻提醒我们：不忘初心，方得始终。

◀ .. 回味 .. ▶

周总理也曾这样问

　　1959年，周恩来视察广东从化时，被安排泡温泉，随口问了一句："普通群众有没有洗澡的地方，能不能洗上温泉啊？"当地政府官员如实回答："缺澡堂子，有些还洗不上！"总理听了直皱眉头，坚决不下水。1962年，周恩来故地重返时，又问起了这件事。我们常讲"群众立场""群众观点""群众路线"，无非是设身处地，站在群众的角度想一想。这篇发表在《求是》杂志的小文，至今读来仍有余味。

举起的右手握什么

2015 年七一前夕，和一位与党同龄的老前辈聊天，直言不讳地问及一个问题：怎样才算一名合格的共产党员？老前辈缓缓地说："看他举起的右手握什么！"闻之，心头一颤。

面对鲜红的党旗举起右手庄严宣誓，握的是理想、信仰。这一幕相信许多党员都不会忘记。但拳头里面到底握什么，不是所有的人真正明白，更不是所有的人真正能做到。它不仅生动回答了入党为什么，而且深刻揭示了入党后应当坚守什么。

战争年代，革命先辈的入党动机十分单纯，那就是"终其一生，为他的信仰的实现而奋斗到底"。什么叫奋斗到底，用陈云的话讲就是"奋斗到死"，用贺龙的话讲就是"把我脑壳砍了，我也要跟共产党走到底"，用朱德的话讲就是"从那以后，党就是生命，一切依附于党"。徐向前后来回忆当初入党时的情景："记得党章上写着共产党的奋斗目标、组织原则等，印象最深的是共产党员要为共产主义流尽最后一滴血。"他们中的许多人，不是因为没有饭吃才入党，而是主动放弃了高官厚禄；也不是在革命形势一片大好时才入党，而是在血雨腥风、白色恐怖之际。

举起一次右手很容易，一辈子不放下来却很难。老一辈共产党人难能可贵之处，就是一旦作出抉择，便自始至终没有动摇过，哪怕搭上身家性命，哪怕遭受不公正待遇。抗日名将赵尚志两次被错误开除党籍，三次被撤销职务，但坚持战斗到生命最后一息。他在给组织的请求信中写道："党籍是每个共产党员的生命。我万分地向党请求审查，给我从组织上恢复党籍。我不能一天离开党，党不要一天放弃对我的领导。"一句"不能一天"与"不要一天"，淋漓尽致彰显出将军对党的深情和对组织的信任。

与此形成鲜明对照的是，现在一些党员干部，走着走着忘记了为什么出发，要到哪里去，丧失了奋斗目标，迷失了人生航向。周永康、徐才厚、薄熙来等身为党的高级干部，身为有着数十年党龄的老党员，为什么党性没有随着党龄长，一步步跌入违法犯罪的深渊，最终成为党和人民的罪人？最根本的一条，就是面对各种诱惑考验，曾经举起的右手轻易放下了，拳头里握的不再是理想信念、党性原则、为民情怀，而是不断膨胀的权欲、私欲！

　　走过近百年风雨历程，一个拥有 9100 多万名党员的
世界第一大党，如何领导 14 亿人民实现中华民族的伟大
复兴？习近平总书记反复告诫，全党同志一定要坚守共产
党人的精神家园，把改造客观世界和改造主观世界结合
起来，切实解决好世界观、人生观、价值观问题，炼就
共产党人的钢筋铁骨，筑牢坚守信仰的铜墙铁壁。试想，
当 9100 多万名党员同时举起右手，向党宣誓、为党奋斗，
那是一幅多么震撼人心的壮观图景，又将焕发出怎样一种
无坚不摧的神奇力量！

◀ .. 回味 .. ▶

松开你的拳头

检验忠诚有个"两步法"——举起你的右手，松开你的拳头。危难时刻，你有没有对党宣誓往前冲？面对诱惑，右手的拳头里到底握了啥？一些党员入党之初，举起的右手握的是初心和使命，但随着职务权力的增长，渐渐握了一些不该握的东西，结果拳头松开以后，让组织大失所望、让群众大吃一惊：原来是个"两面人"！

共产主义过时了吗

"你相信共产主义吗？"就这个问题，我询问过不少人，包括党员干部、马列学者。坚定称是者有之，断然摇头者有之，不置可否者有之，哑然失笑者亦有之。

我们常讲共产党人要有信仰。信什么，仰什么呢？马克思主义，共产主义！它是信仰之河的发源，也是信仰之河的流向。如果连讲这个都不理直气壮，甚至持怀疑态度，那还有什么信仰可言呢？

170 多年前，《共产党宣言》向全世界庄严宣告："共产党人不屑于隐瞒自己的观点和意图。"共产主义者最根本的观点和最崇高的意图，就是：共产主义一定能实现！

信仰是命脉、灵魂，是立党之本、兴国之基，是共产党人的精神家园和精神星空。从党的一大到十九大，不论形势任务如何变化，追求共产主义最高理想始终鲜明地写在《中国共产党章程》上，具有共产主义觉悟始终是入党的先决条件。

正是由于高擎了信仰的旗帜，守住了信仰的高地，我们才走出了国际共产主义运动的低谷低潮，不断丰富和发展了马克思主义，开辟了社会主义事业的新局面，让世界看到了一个更加繁荣富强的中国和更加富有生机活力的中国共产党！

有的同志或许会说，共产主义好是好，只是太遥远了。不错，远大理想，顾名思义是远的。但是，为什么在那样看不到一丝光亮的年代，千千万万的共产党人宁愿断头流血以从，却从未觉得远呢？

那是因为，他们从无数个主义中选择了这个主义，从无数条道路中选择了这条道路。而一旦接受了这样的信仰，作出了这样的选择，"就从没有动摇过"。

现在，一些人把信仰当作一种虚无，认为不管什么主义，只要利己就是好主义；不管什么制度，只要享乐就是好制度。有的"不问苍生问鬼神"，靠菩萨保佑，求"大师"指点；有的不是忙着划桨，而是忙着捞鱼，甚至随时准备"跳船"；有的不是在工作上知不足，而是在待遇上不知足，认为搞点特殊没什么。这些人信的是个人的前程，而不是党的前途；仰的是小我的利益，而不是人民的幸福。患了这种精神"软骨病"，怎么能理直气壮谈信仰，又有什么资格谈信仰呢？

历史的天空有时会乌云密布，但真理的光芒是遮不住的。中国的马克思主义者应当坚信马克思主义是科学真理，社会主义是前程无量的事业。列宁说："共产主义者的心，至少有一半生活在未来。"共产主义理想之于中国共产党，本质上就是实现中华民族伟大复兴的中国梦，使 14 亿中国人民生活得更幸福。

理直气壮，理直才会气壮。为了崇高的理想信仰和美好未来，广大党员干部必须奋斗在当下，奉献在当下！

方志敏（插图／傅堃）

◀ .. 回味 .. ▶

这个题目大吗

这个题目看似很大，其实也很小，对党员干部而言简直就是基础题。有的张口闭口理想信仰，连共产主义都不信，你说有信仰，谁信？2013年5月，一位将军在文章中引用了方志敏的一句话"我们信仰的主义，乃是宇宙的真理"，结果被当成笑话传，"宇宙真理"还成了百度热词。习近平总书记后来多次在重要讲话中批驳了共产主义虚无缥缈论，舆论生态随之有了根本性好转。既然讲信仰，我们就要理直气壮地讲共产主义，直到实现为止。

吉鸿昌的瓷碗刻了啥

"深入开展反腐败斗争""严厉惩治腐败分子"……政府工作报告中铿锵有力的话语，代表委员由衷的热烈掌声，让人不禁想起了著名爱国将领吉鸿昌的那只瓷碗。

吉鸿昌的父亲去世前，留给吉鸿昌一句话：

你现在当了官长，你正直勇敢，这我放心。不过，我还有一句话要向你说，做官即不许发财。

吉鸿昌深受触动，亲笔写下"做官即不许发财"七个字，请当地陶瓷厂烧制在瓷碗上，分发给全营官兵。

此后十几年的革命生涯中，吉鸿昌一直将瓷碗视若珍宝，一日三餐用它警醒自己。从当初的营长到团长、旅长、军长，直至省政府主席、前敌总指挥，不论官职怎么升，吉鸿昌始终一身正气，两袖清风，不仅毫无积蓄，而且把有限的家产变卖了抗日。

吉鸿昌随身带着的这只瓷碗，折射的是共产党员一心

吉鸿昌（供图／伍正华）

为民、天下为公的无私襟怀和磊落品格。今天，我们每一名党员干部都要端着碗认真想一想：口中之粮从何而来，困难群众的碗里盛的又是什么。

廉洁是纯洁的底线。底线守不住，就连"饭碗"也会保不住。从近年来严肃查处的贪腐案例来看，少数干部一开始碗里盛的东西跟群众没什么两样，可随着职务的提升，瓷碗变成了"金碗"，最终受到了党纪国法的严惩，直至锒铛入狱才追悔莫及。

党员干部手中的权力是人民赋予的——说得通俗一点，手里的饭碗是人民给的。既食民之禄，当报民之恩，生活上清淡一点，工作上清苦一点，作风上亲近一点，常怀忧民之心，常思贪欲之害，而不是仅仅盯着自己碗里的那点"自私而可怜的快乐"。

党员，党员，"员"字前面就是"党"，党员的形象事关党的形象。老百姓总是通过身边的党员来观察党、了解党、评价党。一个党员腐败，影响的不仅是自己和家人，而是整个党。在老百姓眼里，好官首先是一个清官，贪官不可能成为一个好官。

俗话说："无病不怕瘦，当官莫嫌贫。"共产党人除了人民的利益，没有任何自己特殊的利益。党员干部只有让人民过得幸福，才能自己感到幸福。吉鸿昌的瓷碗上刻的是"做官即不许发财"，你的"瓷碗"上刻的又是啥呢？

◀ .. 回味 .. ▶

你 的 碗 上 刻 了 啥

人不能不吃饭而空谈信仰，但又不是"仅仅靠吃米活着的"。说实话，像吉鸿昌那样将某句话刻在碗上容易，十几年带在身边一日三餐端在手里，试问几人能够做到？这篇文章是党的十八大之前写的，口子虽小"刀口"却深，"想一想饭碗是谁给的""困难群众的碗里盛的又是什么"，这些问题到现在是否仍有警示意义？

好日子没了，还是好时候到了

"当官的'好日子'过去了！"这感慨，乍一听，似有几分幽默；细一想，又难"一笑而过"。尤其是个别曾经对"四风"非常反感的党员干部，也跟着随声附和。对这种模糊思想认识，确有"捋一捋"的必要。

一些人嘴里的"好日子"，到底是什么样子的呢？无非是吃喝公款埋单，公车随意私用，旅游公款接待，住房超标超占，公差随叫随到……这样的日子，搁某些人头上当然觉得舒服、爽快、惬意！

但是，对于那些无权力、无背景、无资源的人来说，所谓的"好日子"，更多的是"苦日子"。在不良风气和政治生态之下，不"搭天线"，可能就进不了圈；不跑不送，可能原地不动；不请吃吃请，可能丢掉选票；不讨好讨巧，可能干了也白干……这样的日子，对多数人而言，的确是难受、难耐、难熬！

现在，作风建设进入新常态。少数贪腐分子以权谋私、奢靡享乐的"好日子"过去了。与此同时，广大党员干部干事创业的"好时候"已经到来。这不仅是大势所趋，更是人心所向。留恋所谓的"好日子"，是政治上的极不清醒、党性上的极不纯洁；珍惜千载难逢的"好时候"，是党员干部应有的政治品格、使命担当。

其一，成长进步的正道逐渐打通。选人有准头，干部有奔头。许多党员干部明显感到，用人的杠杠越来越硬，程序越来越透明，群众的意见越来越重要，"搭天线"不灵了，"搞山头"不敢了，跑官要官现象得到一定遏制，"靠素质立身，凭实绩进步"成为上下共识。干部选用不仅用出了堂堂正气、融融暖气，更用出了虎虎生气。

其二，干事创业的障碍不断清除。过去，有的人"白天大会小会，晚上大杯小杯"，哪有心思和精力抓工作？如今，各级领导干部不必再为文山会海苦恼，不必再为迎来送往劳神，不必再为"亮点""门面"操心，不必再为"脚本""戏台"费劲，"面具"摘掉了，"包袱"卸掉了，完全可以甩开膀子大干一场，这不正是我们一直期盼的吗？

其三，改革强国的大幕已经开启。历史的江河百折千回，越是逼仄险峻处，越是呈现出惊涛拍岸的磅礴之势。变革的时代，从来都是干大事、成大业的时代。面对强国复兴的时代召唤，面对深化改革的时代大考，广大党员干部肩上的担子更重了，舞台也更广了。只要真正做到"有灵魂、有本事、有血性、有品德"，就不会愿望空许，汗水白洒！

"好日子"过去了，还是"好时候"到来了，是对权力观、事业观的深刻拷问，是党性、官德的"试金石"。权力是人民给的，如果不是用来为群众谋福利，而是用来为个人谋私利；不是用来担重任，而是用来保官帽，人民就有权力收回给你的权力，让贪赃枉法者受到惩处，让碌碌无为者一边稍息。

马克思青年时代曾在一首叫《感想》的诗中写道："为了让别人享受到／远离战斗呐喊的欢欣／我的命运／就是投入斗争。"当前，我们党正在进行具有许多新的历史特点的伟大斗争，民族复兴展现出前所未有的光明前景。疾风识劲草，时代洪流大浪淘沙。习近平总书记对广大党员干部，强调最多的是"担当"二字。每一名党员干部都要铸忠诚之魂、立强国之志、强立业之能，"以身许党许国、报党报国"！

◀ .. 回味 .. ▶

跳 出 圈 子 说 圈 子

胡乔木认为，培养一个评论员至少要十年，笔者深以为然。十年时间，既是磨文字、磨思想，更是磨圈子、磨嗅觉。没有十年，你站不到那个高度，也搞不清楚圈内人在干啥想啥，写出来的东西自然没底气，外行不想看，内行不屑看。

老兵到底怕什么

"我们不怕死亡，就怕被遗忘。"这句抗战老兵的心声，曾让无数国人心里五味杂陈。

当他们在庄严的人民大会堂接过习近平总书记颁发的抗战胜利纪念章，当他们行进于受阅方队最前面举起颤抖的右手敬礼，当他们步入抗战胜利日专题文艺晚会现场时全场自动起立鼓掌，"怕被遗忘"的担忧或许一扫而空——那些为民族独立和解放浴血奋战的英雄，党和国家从来没有忘记，始终视他们为民族的精神脊梁。

如果把"怕被遗忘"简单地理解为老兵对自身作用贡献的考量，那就没有真正理解这四个字的内涵。经历过无数次生死考验的抗战英雄，早已将功名利禄看淡。正如一位老兵所言："想一想那些牺牲的战友，还有什么不满足的呢？"他们真正怕的是这些——

怕民族曾经的深重苦难被遗忘。圆明园的大火早已熄灭，但"大水法"的残垣断壁还在；宛平城外的枪声早已停止，但城墙上的深深弹孔还在；南京大屠杀的哀号早已

勋章（插图／傅堃）

湮灭，但"万人坑"的累累白骨还在！如果把历史比作最好的清醒剂，那么，遗忘则是慢性毒药。我们为什么要设立"国家公祭日""烈士纪念日"，为什么要隆重举行胜利日大阅兵，就是要提醒人们不要忘记"四万万人齐下泪，天涯何处是神州"的屈辱悲怆，不要忘记"一寸山河一寸血""山川不改仗英雄"的顽强不屈。

怕精神上的"软骨病"滋长蔓延。那些从枪林弹雨中闯过来、从死人堆里爬出来的抗战老兵，没有一个不是硬骨头。当年，面对实力悬殊的侵略者，他们宁肯站着生，不愿跪着死，"老红军精神"丝毫不惧于"武士道精神"。他们端的不是钢枪，而是民族气节；他们拼的不是刺刀，而是民族精神。那些他们身体里没有取出的弹片，于今而言何尝不是一种"精神钙片"。毛泽东同志说过，我们中华民族有同自己的敌人血战到底的气概，有在自力更生的基础上光复旧物的决心，有自立于世界民族之林的能力。中国由大到强，精神的强大尤为重要。有了这一点，才能排除一切艰难险阻，战胜一切风险挑战。

怕走得太远忘记为什么出发。在丰都一役中失去右眼的刘伯承曾言："只要你是为人民大众的切身利益而战，战争夺去你一只眼睛，群众会给你千万只眼睛；夺去你一只手，群众会还给你千万只手！"抗战岁月，群众就是党和军队的眼睛和手，打断骨头连着筋，是真正的命运共同体。今天，一些党员干部理想信念淡化，与群众渐行渐远，使"鱼水关系"变成"油水关系"，损害了党同人民群众的血肉联系。"不忘初心，方得始终。"永远以百姓之心为心，和人民同甘苦、共命运，我们党才能始终立于不败之地。

老兵终会老去，但他们的精神长青。因为他们的身上承载着一个民族的历史记忆，彰显着一支军队的血性荣光。历史记忆不能尘封，血性荣光自当传承。当我们被老兵的"最帅敬礼"深深打动时，有没有想过拿什么来回礼？当我们为老兵的一个个离去莫名感伤时，有没有想过毅然接过他们的枪？

老兵不只是用来供养的，更是用来敬仰的。他们身上所体现的英雄精神，蕴含着实现中华民族伟大复兴的无穷力量。阅兵虽已结束，但民族精神需要时常检阅；老兵已成传奇，而强国兴军的新传奇正等待我们去书写！

◀ .. 回味 .. ▶

老 兵 不 老

　　老兵越来越少了！那些爬过雪山草地、经过枪林弹雨的老兵，不少人都到了九十、百岁高龄，走一个少一个。中华人民共和国成立 70 周年阅兵式上，一位老兵失声痛哭的样子让无数人为之流泪。"不怕死亡，就怕被遗忘。"其实，党和国家不仅没有遗忘老兵，反而更加厚爱老兵。阅兵式上，紧随习近平总书记之后的那辆编号为"VA01949"的空车，就是留给老兵、留给英雄的。

"零心态"，你有没有

西昌航天人有个共同特点，讲话缓缓的，笑容浅浅的，甚至连脚步也是轻轻的。他们物欲"零诉求"，成绩"零处理"，问题"零容忍"，展现出一种令人肃然起敬的"零心态"。

有什么样的心态，就有什么样的状态。淡泊做人，方能淡定做事。航天是一个风光无限的事业，但能站在镁光灯前面的人毕竟是少数。以"沟里人"为荣的西昌航天人，不为私心所扰，不为名利所累，不为物欲所惑，把航天当作共同的事业，风险共同承担，风雨共同承受；把航天当作终生的事业，在工作中忘我，在忘我中工作，每个人都心甘情愿、无怨无悔地当"1"背后那个"0"。

当有人问球王贝利在踢进的一千多个球中哪一个最精彩时，他的回答是"下一个"。对西昌航天人而言，打得最好的星也永远是"下一颗"。他们对任何微小的失误从不放过，对所有取得的成绩却总是一笑而过。从几年难发射一颗，到一年要发射十几颗；从一次只能发射一颗，到同时可以发射两颗，西昌航天人笑言："过去喜新恋旧，如今喜新厌旧；过去一'星'一意，现在三'星'二意。"宇宙没有边界，创新永无止境。新错误永远掩盖不了旧错误，新成就则必须盖过旧成就。昨天再大的成绩难叫成绩，明天再小的进步也是进步。

"零心态"既是一种职业态度，也是一种职业标准。西昌航天人深深懂得：航天是高风险的领域，你不将问题"归零"，问题就将你"归零"。为此，他们首创了"五零"质量考评体系，要求做到"组织指挥零失误，设备设施零故障，任务软件零缺陷，技术操作零差错，数据判读零遗漏"。正是对问题的"零容忍"，从零起步的西昌航天人，才敢于叫响"零窗口"发射的口号，实现了一个个零的突破，让国人为之自豪，让世界为之瞩目。

"零心态"是一种深远的忧患。1957 年 10 月 4 日，当苏联宣布将人类第一颗人造卫星送入太空，远在美洲的氢弹之父爱德华·特勒长叹一声说："美国输掉了这场比珍珠港更重要的战役。"抬头仰望，苍穹浩瀚，卫星轨道和电磁频谱终归有限；繁"星"点点，属于我们的却并不多。从睁眼看世界，到漫步于太空，是西昌航天人的梦，也是所有中国航天人的梦，更是一个古老民族唱了一千年的《步天歌》，做了两千年的飞天梦。

◀ .. 回味 .. ▶

月亮之上

2010 年 10 月 1 日，"嫦娥二号"在西昌卫星发射中心升空，开启中国的"探月之旅"。《解放军报》在极其有限的记者名额中，分出了一个给评论部。由于只要求写一篇言论，我感觉这个名额有点太过"奢侈"。写什么好呢？航天人的"零心态"深深触动了我——他们打造了"五零"质量考评体系，但更重要的是背后的零心态，不争不抢、一丝不苟。记得发射成功当天的月亮特别圆，像磨盘一样挂在眼前，这是我一生见过最大的月亮，大得有点"不真实"。

第三章

真理之刃

反腐是一场输不起的生死仗

关于反腐，当下有两种议论值得注意：一种是"再反下去会不会反散人心"，另一种是"还能不能反得下去"。

这些担忧，从某种程度上说明，"腐败和反腐败对垒呈胶着状态"，已经到了扳腕拉锯的关键时候、不进则退的节骨眼上。如果不及时澄清各种错误认识，进一步统一思想、提振信心、凝聚力量，势必难以彻底肃清徐才厚流毒影响，坚决把反腐败斗争进行到底。

纵观历史治乱、政权更迭，从来只有因腐败不除丧失人心的，而没有因反腐反散人心的。腐败是社会毒瘤，清廉是人民期盼。反腐越深入，党的肌体就越健康；反腐越彻底，政治生态就越清明。反腐到底、除恶务尽，只会深得党心军心民心，增强向心力凝聚力战斗力。"反散人心"的论调，正是一些腐败分子心虚惶恐的表现。

至于"还能不能反得下去"的担忧，也不是完全没有道理。因为反腐败斗争形势依然严峻复杂，引向深入必然会遇到各种阻挠和反弹。但是，腐败没有特区，反腐没有禁区，像周永康、徐才厚这样的"大老虎"都动了，还有谁动不得？党中央对贪污腐败决不姑息、对违法违纪必查必究，一抓到底、务求见底的决心意志是坚定不移的。"到此为止"绝对是一种错觉，"骑虎难下"显然是一种误判。

军队反腐的目的，绝不仅仅是抓几个贪官，处理一批人，而是为了能打胜仗。腐败可谓战斗力的致命腐蚀剂，腐败不除，未战先败，甚至变质变色。试问，如果有限的军费被一小撮腐败分子贪掉了、挥霍掉了，还拿什么搞部队建设？如果大家都想着跑官要官，哪有心思精力钻研训练打仗？如果优秀军事人才走不远、干不长，谁来横刀立马、浴血沙场？如果领导干部有权就"任性"，搞特殊化，文恬武嬉，怎么带官兵上战场？……甲午之殇，殷鉴不远！

我军历来以纪律严明、作风优良著称，党和人民对军队是高度信赖信任的。同时也要看到，军营不是真空，歪风邪气仍有市场，尤其是徐才厚严重违纪违法案给军队形象造成硬伤巨创。如果任由"老虎""蛀虫"逍遥法外，任由沉疴流弊滋长蔓延，军队还像军队的样子吗？人民还会像过去那样舍弃身家性命支持我们吗？

与反腐败斗争一同迈入攻坚期和深水区的，还有国防和军队改革。腐败是迟滞改革的"减速带",也是阻碍改革的"轨条砦"。改革是划大圈子,腐败是搞小圈子;改革是攻山头,腐败是搞"山头"。小圈子不打破,改革只能原地打转;"山头"攻不下,改革就寸步难行。为什么一些领域的改革多年来推不动、铺不开,症结就在于此。没有反腐这把开山巨斧、破障利器,稍纵即逝的改革"窗口期"只能眼睁睁错过。

军队是拿枪杆子的,是党执政的坚强柱石。军队如果搞腐败,枪杆子就会锈蚀,柱石就会坍塌,国家长治久安、人民幸福安宁,拿什么来保证?历史一再证明,只要军队做到绝对忠诚、绝对纯洁、绝对可靠,国家就出不了什么大的乱子。军中绝不能有腐败分子藏身之地,这是党对军队的特殊政治要求。

肃贪惩腐是从严治党、强国兴军的决定性一招,攸关党和军队生死存亡,攸关国家和民族前途命运。"开弓没有回头箭"。在这场殊死较量中,我们不能退也退不起,不能输也输不起。

◀ .. 回味 .. ▶

政治家办报

　　解放军报有社长、总编每天上夜班的传统。2014 年
12 月一天晚上 10 点多，社长的电话直接打到了办公室，
问这篇评论的提法有没有依据。我回答，中央只提了"输
不起的斗争"，暂时没提"生死仗"。社长、总编反复研究
后决定照常刊发。第二天，这篇文章里的一句话引起舆论
震动——"像周永康、徐才厚这样的'大老虎'都动了，
还有谁动不得？"

不作为也是一种不忠诚

对广大党员干部来说，忠诚不仅是个高频词，而且是首要政治要求。什么叫忠诚？《现代汉语词典》的解释言简意赅，只有四个字——尽心尽力。过去，一些人大都从"尽心"层面去理解，而往往忽视了"尽力"。当下的一些不作为现象，算不算不尽力之列呢？因此，从这个意义上讲，不作为也是一种不忠诚。

忠诚是认识论与实践论的高度统一，是价值追求与行动自觉的高度统一。革命战争年代，忠诚的注解是鲜血乃至生命，多少革命先烈牺牲前喊出的最后一句话就是："中国共产党万岁！"忠诚作为一种红色基因，已经深深融入我们党和军队的血液里，成为共产党人和革命军人最鲜明的标识，成为人民军队战胜困难、夺取胜利的重要法宝。无数历史事实一再证明，空喊忠诚是伪忠诚，属于典型的"两面人"。

党中央、中央军委强力纠"四风"、铁拳惩腐败，全面推进依法治军、从严治军以来，"重霾天"明显减少，政治生态日益晴朗，强军兴军的正能量不断汇聚。但少数单位也出现了一些不作为、慢作为的不良现象：有的以表态代替忠诚，在会议培训和材料讲话里打转转；有的避事怕事，捂着伤疤怕见光，担心影响对单位的评价、影响官兵思想稳定；有的该拍的板不拍，一些"夹子"不敢签或是层层往上递，能推就推，能拖就拖，工作劲头下降了。这能叫作对党忠诚吗？

关键时刻能不能勇挑重担、奋发作为，最能检验对党忠诚的纯度和程度，是甄别"亚忠诚""伪忠诚"的试金石。在"重整行装再出发"的重要历史关口，有多少事情等着各级领导去干去闯啊！岂能无所作为？这也不抓，那也怕抓，岂不真成了"甩手掌柜"？

尤其要看到，诸如正风反腐、查案办案，纯洁组织、纯洁队伍，政策调整、制度改革，纠治问题、清理积弊等，涉及的是深层次矛盾，触及的是切身利益，将面对许多复杂棘手的难题。下一步，随着军队改革的实质启动和全面铺开，突破利益格局之难、凝聚思想共识之难、推进改革任务之难，将会更加突出地摆在我们面前。千斤重担在肩，千难万险在前，敢不敢担当、有没有作为，是对各级领导干部党性官德的直接考验。

对忠诚的理解尽管各不相同，但有一条要求是共同的——既廉且勤、既干净又干事。干净是基本前提，干事是核心要求。新常态下，党员干部做到清廉、干净并不难，难的是夙夜在公、担当作为，真正干出一番事业来。绝不能仅仅满足于把自己"洗干净"就行了，而是要"脱鞋下田"弯腰插秧。廉却不勤，干净却不干事，世界上哪有这样好做的官，我们的党和政府要这样的官又有何用！各级领导干部手中都握有一定权力，他们既是政策制度的执行者，又是决策者，倘若把少揽事、不出事奉为行为准则，推一下动一下，甚至推几下都不动一下，势必造成政令军令不畅，迟滞单位建设发展步伐，对党和军队事业将造成极大的损害。

军事领域充满不确定性因素，最忌墨守成规，最需开拓创新。对于作风建设而言，党纪法规条条都是"高压线"，谁碰谁触电；但对于钻研打仗来说，没有什么"禁区""雷池"，只有那些大胆闯大胆试的探路者，才能始终走在对手的前头，做到艺高一等、技高一筹。在实现强军目标、支撑强国伟业的漫漫征程中，必然会遇到各种层出不穷的新情况新问题，这就更加需要我们把使命举过头顶，把责任扛在肩上，带领广大官兵锐意进取、奋发图强，汇聚起强军兴军的磅礴之力，以推动部队建设的优异成绩，对忠诚作出最生动的解答。

◀ .. 回味 .. ▶

老 坛 酸 菜

　　文章合为时而著。新闻是易碎品，有些文章特别是时评，过了点也就没啥看头了。但此文点到的问题，我认为直到现在甚至在相当长一段时间内，都不会过时，就像老坛酸菜那样有回味。

有梦就有痛

毛泽东形容，"红军长征是打着灯笼走夜路"。深化国防和军队改革，何尝不是举着火把突围的新长征!

转型之艰，犹如蚕蛹破茧、雄鹰换羽，有些关必须闯，有些滩必须抢，有些痛必须忍。实现强军梦，必然经历转型痛。

任何改革都是一场自我革命

党的十八届三中全会召开前夕，有"世界第一智库"之称的兰德公司，发布了一份叫《兰德眼中的中国》的报告，断言："中国人没有勇气追求他们认为正确的事情。"

与"兰德定论"大相径庭的是，全会《决定》颁布以后，国际舆论纷纷慨叹："中国自己拿起了手术刀!任何人或国家低估中国新一届领导人在改革领域的信心和能力，都将是一个错误。"

行胜于言。40多年的改革开放史，就是一部"杀出一条血路"的无畏探索史。从"摸着石头过河"到"探清

草地雪山（插图／傅竝）

河道过河"，在全面深化改革的攻坚期，中国拿什么来回应猜测和质疑？——"更大的政治勇气和智慧"！靠什么来消除傲慢与偏见？——"更有力的措施和办法"！

这种决心意志和使命担当，同样无比鲜明地体现在深化国防和军队改革的战略谋划中。

《决定》把国防和军队改革纳入国家改革战略全局，作为一个重要部分进行部署。这一部分的830多字，可谓字字千钧，"体制""制度""机制"成为"高频词"，集中回答了军队向何处去、转型往哪里转、改革向何处深的时代命题。

看不到危机，本身就是最大的危机

军队转型好比"竞跑"。二万五千里长征，为了飞夺泸定桥，红军曾举着火把与对岸的敌军竞跑，创造了昼夜兼程240里山路的纪录。正是一场场这样的竞跑，成就了中国革命。

深化国防和军队改革，何尝不是一场赛跑。

一是与强手抢先机。"龟兔赛跑"的童话不大可能变成现实。没有哪只聪明的兔子会愚蠢到躺下来睡大觉，让笨拙的乌龟一步一爬超过自己。它宁愿在终点等一万年，也不会在中途等一秒钟。龟兔之间越拉越大的不是"时间差"，而是"时代差"。

一是与自身比脚力。改革攻坚期和转型期，也是矛盾凸显期和风险高发期。突破制约战斗力建设的体制性障碍、结构性矛盾、政策性问题，都是难啃的硬骨头、难攻的山头，牵一发而动全身。

加快转型，不进则退，慢进也退。风险与挑战并存，危机总与契机赛跑。

个体的发展可能遇到天花板，军队的发展不能有天花板

随着中国特色军事变革的不断推进，军队编制体制不合理、不顺畅已经成为制约国防和军队建设发展的突出矛盾和问题。

从根本上解决两个"不相适应"的问题，必须以此为突破口，进行结构重塑和流程再造，向系统力和结构力要战斗力。

没有什么改革不牵涉到利益调整，国防和军队改革也不例外。

加减法易为，乘除法难做。刀子往哪里下，都会舍不得；刀口切深切浅，都会很心疼。谁都有自己光荣的历史，谁都有自己的特殊理由。但是，这特殊那特殊，没有加速军队转型特殊；这重要那重要，没有实现强军目标重要。衡量的硬性标准，就看是否符合军队的整体利益，是否有利于提升联合作战效能，是否有利于未来作战需要。一句话，是否有利于能打仗、打胜仗。

新中国成立以来，我军先后进行了 10 多次大的编制体制调整改革。每一次调整，都是一次壮士断腕；每一次改革，都是一次凤凰涅槃。有的英雄部队在参加国庆阅兵后，集体脱下军装，含泪向军旗告别；有的甚至在抗洪一线、作战前线，得知部队被裁撤的消息。

在服从国家和军队改革大局面前，中国军人从来不讲价钱，不说二话。

"观念代差"比"装备代差"更致命

思想上的坚冰不打破，观念上的桎梏不砸碎，国防和军队改革就"深"不下，"化"不了。

美国陆军前参谋长助理杰伊·加纳中将认为，军事变革的前 10 年或 15 年时间里，主要是军事变革观念的确立，枪支、坦克、大炮等武器装备不会有根本性的改变。

退一步讲，武器装备的更新可以在一定时间实现，观念理念的更新却非一时之功。

从最近几场高技术局部战争来看，以美国为代表的西方军事强国，几乎提出一个理论，打一场战争；打一场战争，扬弃一个理论，不仅在作战能力上占据了非对称优势，而且在军事变革理念上一骑绝尘。当军事实力落后国家还在为眼花缭乱的"新名词""新概念"皓首穷经之时，后天的战争已然逼近。

思路决定出路。我军的军事变革，既不能逆世界军事变革潮流而动，又不能亦步亦趋随大流，而应充分关照到我军正向信息化过渡的特殊性，从机械化、半机械化思维中解放出来，摒弃"大陆军观念""兵种观念"和"军种观念"。

英国战略家利德尔·哈特曾感叹："在战争的历史上，伟大的观念总是要比伟大的将军更少。"与他"心有戚戚焉"的是军事理论家富勒。1926 年，败给"骑兵内阁"的富勒在给利德尔·哈特的信中写道："享受人生的最好办法是做一个知识的流浪者。"

准确地说，富勒就是一个"思想的流浪者"。推进军事变革，不能没有"思想的流浪者"，更不能让"思想的流浪者"流浪。

能力之痛是根本之痛

习近平主席强调："当前，我国面临对外维护国家主权、安全、发展利益，对内维护政治安全和社会稳定的双重压力。"

这种"双重压力"落实到能打仗、打胜仗的本领上，就是"两个差距很大""两个能力不够"——我军现代化水平与国家安全需求相比差距还很大，与世界先进军事水平相比差距还很大；我军打现代化战争能力还很不够，各级干部指挥现代化战争能力还很不够。

1955 年，我军第一部军官服役条例颁布，确定实行军衔制，一个基本考虑就是"军官要以军队工作为其长期的甚至终身的职业"。58 年后，"建立军官职业化制度"被正式写入党的十八届三中全会决定。这意味着"铁打的营盘铁打的兵"，打仗将成为一些军人一生的职业！

但是，战场是硬碰硬的生死较量，战争法则似钢铁一般冰冷。只有那些具备了以一当十本领的少数精英，才能经受各种严格筛选，继续留在部队建功立业，肩负起党和人民赋予的神圣使命。

一位老红军回老部队参观，看到满满一操场的现代武器装备，不禁感慨万千："过去打仗，我们基本靠铁身板、铁胆量、铁信仰。今天，除了要继续把这'老三样'发扬光大，恐怕还要锤炼新本领！"

是啊，军人睡觉时也得半睁着眼，最怕一觉起来就落后了！

◀ .. 回味 .. ▶

"预见"方能"遇见"

　　此文是"史上最牛军改"正式拉开帷幕一年前推出来的，具有一定的预见性。它的成功之处在于，站立点比较高，从军队转型重塑乃至民族复兴高度条分缕析。同时，落点也比较实，大道理带着炙热的情感讲，既有思辨又有实锤，说服力强。大文章要"遇见"大时代，但首先是"预见"。

一个越想越沉重的道理

很多时候，真理就是不言自明的道理，诚如英国著名思想家布莱克所言："任何一个可信的道理都是真理的一种形象。"

军队的根本职能是打仗，检验军队建设的标准自然是战斗力。这本是一个无须讨论的道理，就像不需要讨论农民为什么要种地，工人为什么要做工一样。

一个似乎根本无须讨论的问题，为什么要拿出来进行全军大讨论？这不仅充分说明了牢固确立战斗力标准的极端重要性，而且深刻反映了当前在一些单位和部门，战斗力标准还没有真正立起来，背离战斗力标准的现象和问题还突出存在。

什么叫标准？标准就是衡量事物的准则。众所周知，各行各业都有自己的标准。只有一把尺子量长短，才能分出高下优劣来。

那么，战斗力标准到底是一个什么样的标准？习近平主席在定义这个标准时，特别使用了双重定语——"唯一的""根本的"。

这两个定语，就像两条垂直相交的横纵坐标，一下子把战斗力标准在军队建设中不可代替的地位和作用界定清楚了。所谓唯一，就是舍此以外而无其他！所谓根本，就是一丝一毫也不能偏差！

但是，在有些单位和部门，战斗力标准不是"唯一"，而是"之一"，其余还有安全标准、考核标准、演练标准、生活标准、任务标准、政绩标准等。有的对战斗力标准"说起来重要，忙起来次要"，其他工作与中心工作争时间、争人员、争场地、争装备、争经费、争地位、争荣誉，偏离主业各自为战，导致工作空转、虚转、白转；有的牺牲战斗力，消极保安全，危不施训，险不练兵，不愿冒该冒的险，不愿担应担的责。

如果说忧患是最好的清醒剂，那么和平则是最大的腐蚀剂。我军已经几十年没有打过仗了，情况刺激的缺乏，导致一些官兵把练兵当虚拟，给敌情加引号，始终紧张不起来，认为"和平是主流，打仗不可能""不在第一线，打也轮不上""当兵只有两三年，只想平安把家还""打仗不缺我一个，家里只有我一个"等。这些思想上的锈蚀，比枪口炮管锈蚀更可怕。

2014 年是农历甲午年。120 年前的甲午一战，最为惨烈的莫过于那些因战败而不愿苟活的将领们。丁汝昌、邓世昌、刘步蟾、左宝贵……他们或服毒自杀，或饮弹自尽，或壮烈殉国。经此一战，"天朝上国"彻底沦落，直至被瓜剖豆分，"蕞尔小国"借机上位，从此兴祸为患。有感于此，中国近代史开山学者蒋廷黻得出的历史结论字字泣血："在近代的世界，败仗是万万不能打的。"

正因为"败仗是万万不能打的"，所以我们必须"能打仗、打胜仗"。军事手段作为保底手段，如果用起来没有底，我们的国家和人民就不能面对风浪挺起腰杆，就只能被迫吞下苦果；军事斗争作为最后选项，如果最后选都没得选，甚至在战场上吃了败仗，那么，整个国家民族的前途命运都会搭上，我们军人就会被永远钉在历史的耻辱柱上！

恩格斯说，军队虽不生产谷物，但生产安全。军人就是安全的代名词。有一个小品的细节耐人寻味，一位老大妈刚从银行取了钱，公交车上空位置很多，但她毫不犹豫地选择坐在穿军装的军人旁边。道理很简单——安全！

我们每一位军人都要认真想一想、经常想一想，一旦战事爆发，一旦"强盗""歹徒"不再躲在暗处窥伺，而是明火执仗逞凶，我们能做到给人民的安全承诺吗？

一流军队主动寻找对手，二流军队疲于应付对手，三流军队捂起眼睛不愿认真看对手。美国五角大楼曾流传一则《招聘敌人启事》，前提条件是"必须有足够威胁"，且"具备核战能力者优先"，并戏称"如果拥有重要生化武器资源，非核候选人也可考虑"。

中国坚定不移走和平发展道路，没时间也没心思去"招聘敌人"，即使有一天"发达"了，也不会张贴这样的告示。但是，井水不犯河水，不等于河水不犯井水。虽然他们暂时不敢再踏进中国家门，但在我们家门口探头探脑、鼓噪叫嚣、烧火放狗的事还少吗？

战斗力标准既是指引部队建设方向的"指挥棒"，也是检验各项工作成效的"试金石"。它让我们在认真打量"战争究竟离我们有多远"的同时，也不得不凝重思考"打赢到底离我们有多远"。不把明天"打什么仗""和谁打仗""怎么打仗"等问题搞明白，不把未来战争制胜机理研究透，哪能取得领军打仗的资格，领取明天战场的入场券？！

标准有高有低、有虚有实、有真有伪、有正有误。跟自己比、跟过去比，是一种标准；跟强手比、跟将来比，也是一种标准。标准不实，即便立起来了，也还是在自我评价、自我循环、自我满足的圈圈里打转。标准假了，整个军队建设的根基就会坍塌。标准错了，军人该想什么、

干什么、该追求什么，军人以何为荣、以何为耻等一系列
根本价值取向就会被扭曲，军队这辆战车就会脱轨倾覆！

　　战斗力这个唯一的根本的标准，既是演绎战争活剧的
力量基点，又是贯穿军队建设的醒目红线。这个标准立不
起来，军队建设的"四梁八柱"就立不起来；这个标准真
正立起来了，其他"标准"才会无立锥之地！

◀ .. 回味 .. ▶

把都知道的道理讲出道理

2014 年初，全军开展战斗力标准大讨论，一开始效果没有期望的那么高，个别单位甚至有点讨论不下去。军报受命写一组评论，有一篇发在报眼位置题目叫《都知道为啥还要讨论》。把都知道的道理讲出道理，对评论员来说也是苦活。这篇言论为专版而配，虽较评论员文章轻盈些，但也下了一番苦功。

彻底"想明白"，才能
真正"说清楚"

"说清楚"是开好党委专题民主生活会的前提条件，也是检验领导干部党性强弱的一面镜子。

当前，不少单位的专题民主生活会，开出了整风整改的好氛围，找回了党内生活的好传统，焕发出开新图强的新气象。但是，个别领导干部仍存在瞒报多占住房等情况，受到组织严肃处理。在纠风治弊、拨乱反正的大势下，为什么这些同志还在犯迷糊，没有真正"说清楚"？从根子上讲，就是没有彻底"想明白"。

没有彻底"想明白"的原因，大概有这么几个：一是"侥幸过关"的念头，觉得有些事，尤其是私密度高的事，不说不会轻易被发现；二是"无关紧要"的心态，觉得有些事属于陈年旧账，过去"大气候""大环境"如此，法不责众；三是"消极抵制"的思想，觉得自己位高权重，为党奋斗这么多年，没有功劳也有苦劳，就这么点事，还能怎么样；四是"得过且过"的心理，觉得不做不错，无过即是功，啥事"等等看""放一放"。

能不能彻底"想明白"，是实现从"不敢腐""不能腐"到"不想腐"转变的重要标志。实践证明，什么时候彻底"想明白"了，"不想腐"才算真正见到了成效。有的不得不"说清楚"，那是被高压压的，被规矩逼的，嘴上告饶，心里抵触。毛泽东讲，世界上怕就怕"认真"二字，共产党就最讲"认真"。个别领导干部没有"说清楚"，关键是对"认真"二字没有看清楚。在正风肃纪这个严肃的政治问题上，如若还不"认真"，组织上必然跟你"较真"。

"想明白"这次整风整改的彻底性。正风反腐决不会知难而退，决不会点到为止，决不会抓抓停停，而是要除恶务尽、治病断根，一直抓到弊绝风清，抓到海晏河清。尤其是"三严三实"专题教育整顿，七个专项清理整治全面推进，纪检、审计、巡视"三把利剑"同时发力，务求彻底扫除"死角"和"灰色地带"，彻底肃清徐才厚案件影响遗毒。

"想明白"这次整风整改的不可逆性。不可逆，关键在于正风反腐与法治建设同步推进。从中央八项规定到军委十项规定，从十八届四中全会对全面依法治国作出战略部署，到中央军委《关于新形势下深入推进依法治军从严治军的决定》的颁布，广大官兵有一个真切体会，各种政策法规密集"打包"出台，规矩越立越严、"笼子"越扎越紧。实践证明，法治反腐只有"快进键"，没有"倒带键"，退回去已经不可能了。

"想明白"这次整风整改的纠错性。整风不是整人，而是惩前毖后、治病救人，相信大多数、依靠大多数、教育和挽救大多数，团结一致往前看，实现在新的历史关口重整行装再出发。过去的"雾霾天"，一些人受不良风气沾染，现在改了就是好同志。不对组织说实话，故意瞒报、谎报情况，就会错过主动纠错的机会，因小失大、得不偿失。

"想明白"这次整风整改的人民性。反腐是党心民心所向。不得罪腐败分子，就必然得罪人民。是怕得罪成百上千的腐败分子，还是怕得罪 14 亿人民？这是一笔再明白不过的政治账、人心向背账！因此，各级领导既要自己带头"说清楚"，也要督促班子其他成员和领导干部"说清楚"，不能当"老好人"、做"太平官"，该做的事就要做，该得罪的人就得得罪，真正做到以身许党许国、报党报国。

彻底"想明白"，既体现党性要求，更彰显责任担当。

一些贪腐分子在任时从不去"想明白"，直至受到党纪国法的惩处、银铛入狱时，才幡然醒悟，好像一下子什么都想明白了，但为时已晚！

◀ .. 回味 .. ▶

别揣着明白装糊涂

腐败的增量越来越少，但存量依然存在。几乎每次巡视或整改，总会查出一批问题、翻出一批"旧账"，有些问题让人匪夷所思。中央三令五申要求"说清楚，交明白账"，难道这些人还没看清大势、汲取教训、想明白吗？从根子上讲，这些人还是存有侥幸心理，揣着明白装糊涂。

"这个"背后是"那个"

十月革命后，列宁曾忠告说："共产党员成了官僚主义者。如果说有什么东西把我们毁掉的话，那就是这个。"不幸的是，70多年后，这一预言像一枚子弹，无比精准地击中了苏共的胸膛，世界上第一个社会主义巨人轰然倒地！

列宁所说的"这个"后面，其实还有"那个"，即特权思想。这是滋生官僚主义的根源。苏共之所以亡党，就是因为党员干部"由社会公仆变为社会主人"，出现了一批"脱离群众、站在群众头上的特权者"。

中国共产党人对此自始至终保持高度警惕。毛泽东提出进北京赶考，"决不做李自成"，因为李自成的那一套还是"打倒皇帝做皇帝"，与过去的封建专制没什么两样。这是跟人民政权的性质和共产党的宗旨水火不容且格格不入的！

特权思想到底有什么严重危害呢？

当年，八机部部长、井冈山老战士陈正人在洛阳拖拉机厂蹲点报告中写道："干部特殊化如果不认真克服，干部和群众生活距离如果不逐步缩小，群众是必然会脱离我们的。"你看，搞特权脱离群众不言自明，关键是群众必然会脱离我们！毛泽东对此批示得更严肃："必然要被工人阶级把他们当作资产阶级打倒。"

特权思想最大的误区，就是感觉搞特殊是"正常的"。中共元老谢觉哉曾意味深长地说："我们共产党进城了，当官的特权跟着就来了。很多人感到这是天经地义，我的亲戚要我帮忙安排工作，觉得这是正常的。我的孩子也觉得坐我的小车，吃得比别人好，穿得比别人好，是正常的。我感到这些对我们党来讲，不正常，危险。"

这种"天经地义""正常"的观念，当前在我们一些党员干部身上还有没有呢？不仅有，个别的甚至十分严重。一些同志潜意识里总认为，自身的能力、贡献，哪一点赶不上那些富商巨贾，凭什么他们挥金如土，而我只能吃苦受穷！生活上特殊一些，算不了什么。如果没有特权，当官干什么？这样的"正常"心理，坑害了多少同志！

1980年2月29日，党的十一届五中全会通过的《关于党内政治生活的若干准则》中着重强调："共产党员和干部应该把谋求特权和私利看成是极大的耻辱。""极大的耻辱"，这五个字字字千钧，振聋发聩。须知，党员干部谋求特权和私利，毁掉的不仅仅是自身的形象，更是党的形象；葬送的不仅仅是家庭的前途，更是党的前途！

从制度上思考拒腐防变的问题，是我们党的一贯做法。毛泽东当年曾做了一个发人深省的对比。他说，在井冈山时，我们摸索了一套好制度、好作风，现在得到重视的是支部建在连上，忽视的是士兵委员会。随着我们掌握政权，党的力量加强了。但自觉接受群众的监督，实行政治民主，保证我们党不脱离群众，比井冈山时士兵委员会要差得多了，全国性的政治民主更没有形成为一种制度、一种有效的方式。习近平主席强调"把权力关进制度的笼子里"，表明党进一步加强对权力运行的制约和监督，更加注重科学有效防治腐败的制度设计。

1944 年著名新闻记者赵超构曾在燕京大学座谈会上，充满敬意地描绘延安印象："能力大的，做的事多，也就是说，他是更多的群众的牛，相同的，能力小一点的，自然是作一个较小的群众的牛。"党员干部手中的权力是人民赋予的，只能拿来为人民服务。如果说有什么特权的话，唯一的特权就是带头吃苦，像老一辈共产党人那样，俯首甘为孺子牛，给人民当牛做马！

◀ .. 回味 .. ▶

有趣的题目，无情的事实

　　这个题目颇有些绕口令的味道，看上去挺吸引人的。当年宋美龄讲过一句话，说共产党还没真正享受到权力的滋味。权力啥滋味？就是特权思想、特殊化，而且当作"天经地义，正常的"。古今中外，这是任何政权最大的危机，难就难在防微杜渐、初心"渐渐放下"。令人唏嘘的是，列宁的忠告一语成谶，苏联被"这个"背后的"那个"无情毁掉。

擦亮民族的精神利刃

狂妄的日本侵略者，很少把对手放在眼里，尤其是在实力悬殊的侵华战争中。但是，面对英勇的中国抗战军民，他们也有肃然起敬，甚至不寒而栗的时候。

1936 年春，赵一曼被捕。日本特务大野泰治担心她因伤势过重死掉，决定立即开始审讯。当赵一曼从容地抬起头，与之四目相对时，大野泰治"情不自禁地倒退了两三米……"

杨靖宇牺牲后，头颅被割下送给司令长官野副昌德邀功。这位杀人如麻的刽子手，见到杨靖宇的头颅后，闭上眼就做噩梦，赶忙叫人举行灵祭大会。亲自切开杨靖宇的胃进行解剖的岸谷隆一，后来毒死妻儿后自杀，他在遗书中说："中国有杨靖宇这样的铁血军人，一定不会亡国。"

这些震人心魄的细节，在抗日战争的历史中不止一次地出现过。他们的英雄事迹，留给后人一个最深刻的启示：一个民族真正的强大是精神的强大，只要精神利刃永不卷刃，就没有战胜不了的强敌。

东北抗联（插图／傅堃）

全面侵华战争打响前，日本驻北平特务机关曾做了一份秘密报告，除了渲染"不战而胜"外，也客观谈到了"不可忽视者"："倘彼时中国的官民能一致合心而抵抗，则帝国之在满势力，行将陷于重围……"自鸦片战争以降的近百年里，面对外敌的入侵，中国从来不缺振臂一呼、断头流血的英雄人物，但只有抗日战争，才真正唤醒了全民族的觉醒，第一次如此万众一心、气壮山河地擦亮了民族的精神利刃，向侵略者集体亮剑。

母亲送儿打日寇，妻子送郎上战场，男女老少齐动员。在这场救亡图存的伟大斗争中，中华民族空前团结、共御外侮，形成了伟大的抗战精神，创造了"战争史上的奇观，中华民族的壮举，惊天动地的伟业"。与之形成巨大反差的是，八国联军攻入北京城，百姓漠然视之，因为所谓国家，不过是朝廷而已。甲午战争中，在日军占领的辽东半岛和山东半岛城镇、村落，各种规模的集市很快恢复了往日的热闹景象，一些商贩还很快学会用日语叫卖。在日军驻扎的营地附近，有的赶着骡马大车、拿着扁担等着揽活，没有一点亡国之恨的样子。民众麻木至此，战争焉有不败之理？

小至个人，大至民族，肉体上的富贵病不可怕，可怕的是患了精神上的富贵病。现在，国家的综合实力增强了，人民的生活水平提高了，但一些人也失去了对历史的痛感。有的解构历史、污蔑英雄，有的缺少忧患意识、丧失警惕，有的妄自菲薄、膜拜西方，有的则在"唱衰中国""做空中国"。前车之鉴，殷鉴不远！

著名作家魏巍在《漫忆黄土岭之战》一文中写道："在战场上看得很清楚，这是两种精神在较量：一种是日本人的'武士道'精神，一种是老红军的革命意志，看看究竟谁更顽强，谁压倒谁。"回过头来看，14 年的艰苦抗战，不只是时间的刻度；3500 万人的巨大伤亡，不只是生命的刻度；1000 亿美元的经济损失，也不只是物质的刻度。它们，共同标注的是一个民族的精神韧度！

历史的横断面，如同树的年轮，时间越是久远，越能看得清晰。70 多年过去了，硝烟虽已散去，警钟依然长鸣——民族的精神利刃决不能锈蚀，决不能卷刃！

◀ .. 回味 .. ▶

干 将 莫 邪

　　赵一曼的眼神为什么能让日本特务"情不自禁地倒退了两三米"？杨靖宇的头颅为什么让杀人如麻的刽子手闭上眼睛就做噩梦？在东北大地上，两位抗日英雄就像"干将莫邪"，始终闪着令人胆寒的光芒。今天，"小米加步枪"的时代虽一去不复返，但敌人害怕的恰恰是我们最需要发扬的。

初心易得，始终难守

　　某日小聚，出一考题："'不忘初心，方得始终'的下半句是什么？"众皆错愕："还有下半句？"我说："有的，那就是'初心易得，始终难守。'"听罢，一位朋友起身，非常恭敬地举杯："我敬下半句！"

　　中华文化的博大精深之处，在于其一正一反，正反互衬，充满哲思辩证，许多格言警句、俚语俗话的下半句似乎更戳心。比如，"儿孙自有儿孙福，莫与儿孙做远忧"；"久病床前无孝子，久贫家中无贤妻"；"英雄难过美人关，美人难过卖酸摊"；"不怕虎狼当面坐，只怕人前两面刀"……

　　"上半句"人尽皆知，"下半句"常被忽略。这就好比人在旅途，有的人上半程如履薄冰，下半程忘乎所以；上半程青云直上，下半程跌落谷底。检视一些落马官员"初心易得，始终难守"的人生轨迹，大抵有这么几种表象——

　　职务越高，脾气越大。有的脾气随着职务长，尤其当了一把手后，耳朵里听不得"杂音"，眼睛里掺不了"沙子"，什么事都自己说了算，老虎的屁股摸不得。久而久之，"顺杆爬"的愈聚愈多，"扯袖子"的没有几个，职务高到极致、脾气大到冲天时，也就是低头伏法之时。

权力越大，贪欲越强。从媒体曝光的无数腐败案例来看，有的查抄的人民币弄坏几台点钞机，有的家里的各类珍藏品装了几卡车。许多贪官几乎异口同声忏悔，有些钱根本不敢花，甚至有的箱子根本就没打开过；有些收受的古玩字画根本没碰过，只是往储藏室一堆。他们要这么多钱干什么？贪欲而已。收多收少，变成一种规格；贪得无厌，已成一种习惯。

党龄越长，党性越弱。党性已随党龄长，这是一个共产党人最起码的要求。但一些人恰恰不是这样，那么多落马的高级干部，哪一个不是有几十年党龄的党员呢？！这充分说明，党性并不是随着党龄增长而自然增长的，若不一日三省吾身，只会越来越弱。党性修养，其实也是一个不断跟自己斗争的过程，与内心的私欲缠斗、与内心的懈怠搏斗。

以上三种表象，只是列举了十分之三，甚至千百分之三而已。一个人能走多远，既取决于他的初心，有诗和远方的憧憬，有风雨兼程的信念，又取决于他的坚守，每临大事有静气，面对诱惑不动心。

谈到面对诱惑，一位领导讲："既然拒绝不了诱惑，那就远离诱惑。"我觉得这句话说得很坦诚，也很辩证，也可以算作很经典的下半句。有的同志一口气讲了好几个"幸好"——幸好不是在那么重要的岗位，幸好手中没那么大的权力，幸好这些年没有提得那么快，幸好这么多年一直"白加黑"……所有的"幸好"，在过去看来可能是"吃亏"，现在却是一种"幸运"。

一位贪官在狱中忏悔，什么罪行都交代了，什么不义之财都充公了，现在反倒觉得轻松了。这种悔过，迟了，还是晚了？每个人虽有不同的理解，但教训是直白的。

现代社会，多少人因激烈竞争而焦虑，又因焦虑而使竞争更加激烈。每个人都不想输在起跑线上，甚至不愿意在中途停下来喘口气，哪怕自己是比"乌龟"跑得快得多的那一只"兔子"。其实，最好的境界是边走边看，边走边唱，走着走着花就开了，唱着唱着天就亮了。

◀ .. 回味 .. ▶

敬下半程

　　文中讲"敬下半句",实则是"敬下半程"。所谓"行百里者半九十",一个人也好,一个政党也好,打天下时莫不是战战兢兢、如履薄冰,而一旦功成名就、江山坐稳,则很容易放松警惕、迷失自我。只有慎终如始,方能守住初心。

你就是自己的关系

2018 年高考期间，流行一个段子：父亲跟儿子说："考试别紧张啊，后台都给你找好了，挺硬的，但程序还是得走一下！"儿子问："老爸，你找的后台是谁啊？"父亲说："观音菩萨……"

笑过之后，我想扯一扯所谓的"关系"。中国是个关系社会、人情社会，法治化、文明化程度再推进多少年，这一点恐怕也很难改变。我原来在广东某地工作时，发现当地人有个习惯，若是谁发生摩擦纠纷，如车刮了蹭了，当事人第一反应不是报警，而是掏出电话来找人。真是活脱脱的一幅"关系图"！

"朝中有人好做官，背靠大树好乘凉。"有关系，很多复杂的事情可能简单化；有关系，原本不通的路子柳暗花明；有关系，不用担心原本属于自己的位置被抢占；有关系，不必见人矮三分逢人赔笑脸；有关系，谁还会"奋斗了 18 年才和你坐在一起喝咖啡"……

所以，有些人很迷信关系，没有关系的千方百计找关系，有关系的还要找更大的关系。陈世美攀上了皇帝这层关系，成为状元郎、驸马爷"双料王牌"；高衙内认了高太尉做干爹，变成十足的"人妻控"，硬生生把"八十万禁军教头"林冲逼上梁山……谷俊山靠上了郭伯雄、徐才厚这层关系，什么违法乱纪的事情都敢干……

然而，靠山再大也有塌方的时候，关系再硬也有不灵的地方。纵观古今，一小撮人苦心孤诣、奴颜婢膝，经营了那么多复杂的关系，但许多人到头来没有做成网上行走的蜘蛛，反而变成了作茧自缚的蚕（破茧成蝶不是神话，而是笑话），有的甚至落得牢狱之灾、家破人亡，像陈世美、高衙内之流更是被万世耻笑。

世界上没有无缘无故的名，也没有无缘无故的利。当你的才华不足以撑起你的野心，当你的享乐远远超越你的德行，那便是大祸临头之时。大树底下好乘凉，大树底下也容易遭雷劈；一人得道鸡犬升天，一人失势也可能鸡犬不宁。这就是关系的辩证，但只有拉开时空距离后才能看得更加清晰。

在北京北海公园的静心斋，有一幅乾隆亲题的匾额：不为物先。静心斋乃是乾隆读书之处，不为物先，故能静心，两意相通也。清夜焚香、空斋对雪，云林洗桐、屈子餐英，"逍遥万世表，不受世故侵"，文人雅士自古所秉持之"清规戒律",精神的朗润、品行的高洁,如出淤泥而不染之莲,既可远观,也可静心。

论及某些地方关系之复杂、人心之险恶,个人之种种不得已、不称意,一好友云:"像我们这样的人还需要关系吗?你就是自己的关系!"闻后如醍醐灌顶、茅塞顿开——一路走来,关心我们的人不少,关系好的人也不少,但起关键作用的还是"三更灯火五更鸡"的发愤,是"不要人夸颜色好"的正直,是"虽千万人吾往矣"的闯劲,坦坦荡荡,敞敞亮亮,虽没有平步青云之得意,却有一步一个脚印之安稳。

没有关系没关系,富贵何须险中求?你就是自己最大的关系,你就是自己最硬的后台。

◀ .. 回味 .. ▶

人生有"两靠"

　　有人说："人的进步有两靠，一靠组织栽培，二靠祖宗保佑。"第二个"靠"不是那么牢靠，因为共产党人是不信这一套的，此话不过是一句感恩亲人的借喻罢了。见证过这么多人生的起起落落，真还是啥关系都不可靠，再硬的关系靠得了一时、靠不了一世，胡靠乱靠迟早要完。

少拍桌子，多拍板

　　领导干部手中握有权力，拍桌子相对容易，但敢不敢拍板就不好说了。什么叫"担当"？简而言之就是"少拍桌子，多拍板"。

　　2017 年 12 月，习近平总书记就新华社一篇《形式主义、官僚主义新表现值得警惕》的文章作出重要批示，特别强调要针对表态多调门高、行动少落实差等突出问题，拿出过硬措施，扎扎实实地改。

　　时下，一些单位懒政庸政突出表现是，把"空洞表态"当成"政治态度"，以"对上推责"代替"对上负责"。上面一有精神指示，抢着表态、急着开会、忙着发文章，有的调门之高叫人听了起鸡皮疙瘩。但对于要落实的工作、推进的项目、破解的难题，"打太极拳""玩空手道"，要么层层往上请示，要么层层往下批示，极尽上推下卸之能事。

　　不论是"表态风"，还是"请阅示""假批示"现象，都打着"讲政治""守规矩"的旗号，实则是不担当、不作为的表现。一些领导干部为什么会乐此不疲？一是空表态的成本最低，甚至可以说是零成本，反正调门再高也不会坏了嗓子。二是"请阅示""假批示"的风险最小，啥事儿都请示批示过了，爱咋弄咋弄，板子落不到自己身上。

有个"20% 现象"值得警醒：据调查，有的单位只有 20% 的人在干事，而这 20% 的人也只能拿出 20% 的精力干正事，20%×20%＝？这个数据想想多可怕！有的还反映，年终收口，单位的经费预算花得还不到 20%！过去是"跑部钱进"，现在是你主动拨给，下面也不要，没有人哭穷，愁的是钱花不出去！

还有一种现象也值得深思：为什么一些老百姓会"怀念"贪官？因为在有的人看来，某些贪官也是能吏，胆子大步子大，一时还真带动了当地的经济发展，给大家带来了一些看得见的利益。所以说，庸官之危害，与贪官有得一比。守着摊子混日子，捂着乌纱干工作，老百姓是不会买账的，他们也不会欢迎这样的干部。贪官竟然被怀念，想想真是汗颜哪！

有的同志私下感叹："回不去了！"到底是"回不去了"，还是"不愿回去"呢？过去过惯了"四风"滋润的日了，现在"一清二白"自然有些不适应。由此看来，从

"不敢腐""不能腐"到"不想腐",确实还有很长的一段路要走。2015年,我曾写过一篇文章《做一个靠工资生活的"裸官"》,这个"小目标"目前已经实现。经过正风反腐的洗礼,再靠利益驱动去干事已经不可能。"干净"之后,"干事"的要求显得尤为重要和急迫。

当然,敢不敢拍板,绝不是嘴上说说、纸上批批那么简单。一些单位试行容错机制是个不错的办法,但仅有容错是远远不够的,还得有更具操作性的奖惩机制,从正反两方面调动他们的内在积极性。离开现实问题谈担当不现实,也会变成另一种形式主义、官僚主义。

"当官不为民做主,不如回家卖红薯。"我认为改动两字为好:"当官不为民办事,不如回家卖红薯。"中国特色社会主义进入新时代,"两个一百年"奋斗目标处于关键冲刺期,老百姓不仅呼唤两袖清风的"清官",更喜欢中流击水的"闯将"!

有人说,中国已经进入了一个"弱官时代"。的确,对群众态度恶劣一点,搞不好就会引爆社会舆情,对下属随便拍桌子恐怕影响也不好。怎么办呢?还是多拍板吧!在"敢拍板"里拍出共产党人的初心,在"会拍板"里拍出领导干部的责任担当,在"拍好板"里拍出党员干部的人生价值!

◀ .. 回味 .. ▶

拍 桌 子 的 人 也 少 了

拍桌子本来是件不怎么好的事儿，可惜如今敢拍桌子的人也少了。不管多大的官、掌握多大的权力，对谁拍桌子，都会得罪人。得罪上级怕穿小鞋，得罪同级怕打黑枪，得罪下级怕丢选票，故而索性你好我好大家好。领导干部的威信不是靠拍桌子拍出来的，但碰到棘手事、不平事，也要有那么一点拍桌子的二杆子劲儿。

莫听穿林打叶声

金秋时节，去了一趟日本岚山竹海。秋风起时，竹影曼妙，暖阳洒金。同行者惊呼："你们听，这是什么声音？"我还没开口，他就自己接上话茬："这就是穿林打叶声！"这种声音曾被评为日本100种最值得保留的声音。

与被穿林打叶声所惊相对的是内心的轻松与畅快。苏子之词当中，《定风波》算是最为洒脱轻盈的一首，词的题记也十分耐读："三月七日，沙湖道中遇雨。雨具先去，同行皆狼狈，余独不觉。已而遂晴，故作此词。""皆狼狈"与"独不觉"，两相形成鲜明映衬，足见苏子内心之空灵。

"莫听穿林打叶声，何妨吟啸且徐行。"这是人生修为心法，也是大国治理之道。一段时间以来，国际风云变幻，"生意人"川普到处乱挥大棒，看谁不顺眼怼谁，一连串的"退群"。尤其是在对中国发动贸易摩擦的同时，美舰在南中国海"踩线"频频。在这种紧张空气下，一些人感到"山雨欲来"甚至"黑云压城"，被"穿林打叶声"惊着了，滋生"恐美论""必输论"。

　　"川普们"的气急败坏、任性胡来，恰恰反映了其内心的焦灼，对中国崛起与赶超的"恐惧"，是不是也可以看作一种"恐中论""怕输论"呢？经过改革开放 40 多年的积累，中国早已不是一击就垮的"泥足巨人"，更不是空有 GDP 的晚清。中国的抗压抗击能力是综合的、成体系的、持久的。主动挑起贸易摩擦伤人伤己，故意制造军事摩擦终会引火烧身，"友谊的小船说翻就翻"，谁来跟你做朋友？这笔大账，精明的川普可能还没有算明白。

　　危机，危机，危中有机。小到一人，大至一国，最具考验挑战性的，不是遇到了多大的危机，而是化危为机的能力。敌人"枪口"对准的，必是我们的"软肋""死穴"，这会促使我们更加清醒地检讨反思，逼着转型升级，逼着更加开放，逼着凤凰涅槃、雄鹰换羽。中国人历来好交朋友，且对"重利轻义"式的交朋友嗤之以鼻。人家不打算跟我们玩了，那我们就跟更多的人交朋友，跟所有愿意跟我们交朋友的人交朋友。

　　中国是一个大国，大国之大，不独是体量之大，更是心量之大。当年，尼克松访华，这是惊动世界的大事，毛泽东却笑着跟尼克松说"只谈哲学"，其他事与总理谈。这种心量和气度，岂是气量狭小之辈能比的？国际关系纷纷扰扰，你方唱罢我登台，没有永远的利益，也难有永远的朋友。有几个苍蝇碰壁，有几粒老鼠屎坏汤，有几头"灰犀牛"乱窜，原本就不是什么大不了的事。

任何一个大国的崛起，一个民族的复兴，都不可能是敲锣打鼓就能实现的。尤其是在中国由大向强"纵马一跃"的关键当口，难保别人不"使绊子"。但"竹杖芒鞋轻胜马，谁怕"。正如习近平总书记在党的十九大报告中的那段荡气回肠的话："站立在九百六十多万平方公里的广袤大地上，吸吮着五千多年中华民族漫长奋斗积累的文化养分，拥有十三亿多中国人民聚合的磅礴之力，我们走中国特色社会主义道路，具有无比广阔的时代舞台，具有无比深厚的历史底蕴，具有无比强大的前进定力。"

莫听穿林打叶声。

◀ .. 回味 .. ▶

胸 襟 与 定 力

做人做事需要胸襟，做天大的事则需要天大的胸襟，这是圣人、伟人区别于常人之所在。世界百年未有之大变局，伴随的是百年未有之大迷雾，复杂多变的国际形势乱花迷人眼，埋头赶路的可能脚下全是坑，抬头看天的可能天上是阴霾。还要不要走下去，还能不能走到光辉的未来？没有足够的战略定力，没有装下世界的宽广胸怀，可能早就怂了。管他波诡云谲、暴风骤雨，不过穿林打叶声而已。

面具

面具最早起源于傩文化。有意思的是，"傩"（音nuó）这个字，很容易念成半边字。这算不算此字的一种"面具"呢？

面具多与"伪装""伪善"相勾连，或渗透着某种阴森、阴邪之气，一直以来没给我留下什么好印象。

2019年3月，看某档叫"蒙面唱将猜猜猜"电视节目，却对"面具"有了一些纠偏。我讶异的是，不仅观众喜欢这种形式，而且演唱者内心也认同。

有个大牌明星坦言，过去观众常盯着自己的一张脸，而忽略了歌唱得怎样。戴上面具后，挡住了外界喧哗烦扰，内心反而沉淀下来，回归本真，唱歌更易进入最佳状态了，观众的视线也从自己的脸上挪开了。

原来，真正让我们厌恶的不是面具本身，而是何人戴上面具，又用来干什么。千百年来，面具一直在默默地代人受过。

《宋史·狄青传》："临敌披发，带铜面具，出入贼中，皆披靡莫敢当。"《水浒传》第五十二回："熟铜面具似金装，镔铁滚刀如扫帚。"你看看，英雄豪杰戴上面具之后，那一股英武之气，令敌人闻风丧胆。

然而，有的人戴上面具之后就令人生厌了。鲁迅《"友邦惊诧"论》："他们的维持他们的'秩序'的监狱，就撕掉了他们的'文明'的面具。"巴金《灭亡》第四章："他们正戴着爱底面具来吃我，吃人。"

俗话说："路遥知马力，日久见人心。"历经世事后，见人心可能用不了三年五载，三五分钟就够了，三言两语、三杯两盏，对方人品如何、水平咋样、值不值得深交，其实都写在他的脸上了。

很多时候，面具只是一个工具，真正可怕的是人的面皮。面具是死的，面皮是活的。有的人善于"变脸"，就像变色龙，在不同的环境，面对不同的人，办不同的事，脸是可以说变就变的。所谓知人知面不知心，其实有些人你连他的面都不知。这色人等，自然算是套路深深的"老江湖"了。

有些人一辈子戴着面具生活，如鬼魅般游走在名利之场。有些人却表里如一，始终坦坦荡荡、简简单单。"相由心生，相随心变。"久而久之，前者无论怎么伪装，邪恶必会在脸上堆积。而后者的善良纯良，也会在脸上一览无余。

遇到生活中的"两面人"，大不了小心提防、一刀两断，不与之交往，就不会造成什么大的危害。政治上的"两面人"却伪装更深、不好识别，越是位高权重，越是危害更大。

习近平总书记曾多次严厉批评过政治上的"两面人"。举凡贪污腐化者，无不带着两副或者多副面具。有的人口里讲马列，家里设佛堂；有的人台上讲反腐，台下搞贪腐；有的人对上阿谀奉承，对下颐指气使……但群众的眼睛终归是雪亮的，戴的面具再高级也会被无情地扯下来。别说面具，就连面皮也一块撕掉，真个是面目全非、惨不忍睹。

天下之至柔克天下之至刚，天下之至拙胜天下之至巧。这是历史的大哲理，也是人生的小道理。对于至纯至善之人，面具从来只是一种娱乐消遣的道具，甚至连道具都不是。

◀ .. 回味 .. ▶

面 皮

　　千百年来，面具一直代人受过，代戴面具的人受过。若说这篇文章有啥圈点之处，就是提出了"面皮"的概念——面具不过是一个工具，最多变最可怕的是人的面皮，现实生活中的"变脸术"。面具种类再多，也比不过面皮之多。我们憎恶的"两面人"岂止两面？

请给手指减减负

在抬头不见"低头"见的网络时代，很少有人觉得动动手指刷屏是一种负担，但有的情况似另当别论。

一些基层党员干部私下倒苦水，现在"刷分""刷圈"的任务太重。为了防止拉后腿、挨批评，甚至被通报，有的早上边洗漱边打开 App，有的边陪孩子边答题。据媒体报道，有乡镇干部手机上下载的政务 App 多达 34 个，有大学生村干部"被加"了 120 多个微信工作群……

不可否认，绝大多数 App 和微信群建立的初衷是好的，也发挥了提升工作效率、走网上群众路线等积极作用。如学习强国 App，下载量已经超过 1 亿人次，成为广大党员干部学习交流的好帮手。

然而，一些单位部门和行业，不顾实际工作需要，盲目跟风，App 满天飞，微信圈随意建，且强制要求使用，还动不动排名通报，让大家不堪其扰，不胜其烦，演变为饱受诟病的"指尖上的形式主义"。

比如，有的只是点开了 App 视频，照样忙手里的活，根本没有仔细去听；有的答题直接把答案复制上去，连题目都没仔细看；还有的请人代替"刷分"，几部手机一个人同时操作。

又如，有的领导在群里转发一个东西，本来仅供学习交流，并无特别用意，有的下属却生怕回应速度慢了，或是点评不到位，"微信一响，高度紧张"，不论工作还是休息，都不敢马虎大意，有时还得搜肠刮肚凑词，看微信回微信成了每天的额外工作任务。

隐性的形式主义比摆在桌面的形式主义更可怕，"指尖上的形式主义"挤占大量时间，浪费大量精力，一些党员干部虽然指上有动作、圈里有表态，但嘴上有牢骚、心里有怨气，最后落实走样变味，不仅起不到应有的作用，反而损害对组织和领导的信任。

判断某项举措是不是形式主义，最直接的办法看群众是不是用形式主义来反对形式主义。如若群众只是把它当作一项不得已为之的额外任务，潦草式应付，敷衍式执行，那就得认真反思总结，赶紧"踩刹车"。

形式主义、官僚主义脱离实际、脱离群众，破坏党群关系，始终是党和人民事业的大敌。毛泽东同志曾深刻地指出："为什么党的策略路线总是不能深入群众，就是这种形式主义在那里作怪。"他还说，要把官僚主义这个极坏的家伙抛到粪缸里去，因为没有一个同志喜欢它。

2017 年 12 月，习近平总书记就新华社一篇《形式主义、官僚主义新表现值得警惕》的文章作出指示。2019 年 3 月，他又专门作出重要批示，强调 2019 年要解决一些困扰基层的形式主义问题，切实为基层减负。

为贯彻落实习近平总书记重要批示精神，2019 年 3 月 12 日中共中央办公厅发出《关于解决形式主义突出问题为基层减负的通知》，明确提出将 2019 年作为"基层减负年"，制定了一系列为基层松绑减负的务实措施。

形式主义和官僚主义相伴相生，形式主义的背后是官僚主义。官僚主义的观念不铲除，形式主义的病菌总会找到滋生的温床，轻则引起感冒发烧，重则引发严重病症，切不可掉以轻心。

纠治"指尖上的形式主义"这个形式主义的新变种，给我们敲响了警钟：做任何事情，既不能拍脑袋决策，想当然地认为它是好的、符合时代潮流的，又不能一劳永逸，只管出发点好不好、不顾执行偏不偏，只管上面满意不满意、不顾下面高兴不高兴。

◀ .. 回味 .. ▶

有没有一种 "蟑螂药"

形式主义真像"打不死的小强"，毛泽东气得要把它扔进粪缸里去，习近平总书记也多次批驳。但"小强"确实很强，不断变种变异，甚至越打越多。有人感叹，到底还有没有药治？有的。要彻底断绝，有一点必须做到，那就是各级领导本身不要成为滋生"小强"的温床。

论"楼"的塌掉

孔尚任《桃花扇》中有一经典唱段，因将"兴亡看饱"而被后人反复咀嚼："眼看他起朱楼，眼看他宴宾客，眼看他楼塌了……"

庙宇楼台，"高大上"之象征也。"曾睡风流觉"的"青苔碧瓦堆"，一日忽然土崩瓦解、香消玉殒，怎不令人唏嘘！古往今来，"高楼"人皆羡之，众皆攀附，须知高处不胜寒，"凤凰台"到头来"栖枭鸟"。

太平天国将领李秀成，苏州城破之前，尚在连夜"起高楼"。后来，李鸿章得见忠王府，连连感叹，"真如神仙窟""平生所未见之境也"。但是，"楼"起得越高塌得越快，奢华越甚破败越速。纵观太平天国的几个王，哪个不是刚刚打下南京就迫不及待地极尽奢靡之能事？结果呢，起事时摧枯拉朽，得势时迅即腐朽。

对"楼塌"之危险，中国共产党人始终保持高度警惕。1950年2月27日，毛泽东访苏归国途经松江省（1954年并入黑龙江省），被安排下榻哈尔滨颐园街的一栋高档别墅里。毛泽东当时就皱起了眉头，挥笔写下 10 个字："不要沾染官僚主义作风。"

20 世纪 90 年代，福建厦门有一栋红得发紫的"红楼"，红顶、红瓦、红墙、红窗、红门、红灯笼、红地毯，楼主是远华走私案的头目赖昌星。红楼建筑面积 5000 多平方米，当时投资就达 1.4 亿，上下 7 层，真个是神仙住的"七宝楼台"。据说，赖昌星被查处后，"红楼"曾用作党员干部的警示教育基地，但因过于奢华和"暧昧"，不但没有起到劝诫作用，反而让一些人萌生"自叹弗如"的感慨，后来不得不停止接待游客参观。

唐陆贽有云："侈心一萌，邪道并进。"可见，"侈心"之害，与"中邪"无异。高楼望断，红尘万丈，能参透者寥寥无几。更可怕的是，有的明知高处不胜寒，却向"高楼"行，落得个楼塌人亡，抑或跳楼身亡的命运。

习近平总书记在一次重要会议上，曾语重心长地讲过柳宗元的《蝜蝂传》。蝜蝂有两大特点：一是善负重，看到什么东西就往背上驮，"虽困剧不止也"。人们见其可怜，替它拿掉一些，但走不了几步，碰到东西它又去驮；二是喜爬高，"极其力不已，至坠地死。"这则古寓言，真是写尽世人"嗜取"之劣根性。

中学课本选录有鲁迅的《论雷峰塔的倒掉》一文。雷峰塔因一块块的砖石被抽掉而倒塌，而"楼"的塌掉恰恰相反，是被一块块多余的"砖石"给压垮的，像小虫蝼蚁一样。2018 年春节前夕，中宣部原副部长鲁某被"双开"的消息公布："野心膨胀，公器私用""频繁出入私人会所，大搞特权""十八大后不收敛、不知止"……看看这些"极其严厉"的措辞，再回头看看周永康、薄熙来、郭伯雄、徐才厚等，与蝼蚁寓言何其相似！

高楼万丈，信仰为基。信仰的地基不牢靠，作风的柱子不结实，就会地动山摇。当年延安的最高建筑，莫过于宝塔山上那座宝塔了。然而，这个并不高的"高楼"，却成了千千万万热血之士心中的圣殿，他们不惜生命以仰望之，朝拜之。正因如此，中国共产党才战胜了国内外一切顽敌，筑得今日之广厦亿万间。

现在，我们党是名副其实的世界第一大政党，9100多万名党员就好比 9100 多万块砖头，唯有靠共同的信仰信念牢牢黏合在一起，才能确保中国大厦永不坍塌，确保红色江山千秋永固。

◀ .. 回味 .. ▶

多少楼台烟雨中

"南朝四百八十寺，多少楼台烟雨中。"写这篇文章，很容易想到这首诗。琼楼玉宇也好，秋风茅屋也罢，都经不起漫长岁月的风雨侵蚀，无论曾经多么金碧辉煌。这是自然规律，也是历史规律。唯有思想之塔、精神之塔，越是经风雨越是显苍劲。

"0" 心态，"1" 状态

多年前，作为一名军事记者，我很荣幸被派往西昌卫星发射中心，深入寻访那些背后鲜为人知的故事，亲眼见证"嫦娥二号"月宫舒广袖。

航天人有句名言："你不将问题归零，问题就将你归零。"因此，他们首创了"五零"质量考评体系，即"组织指挥零失误，设备设施零故障，任务软件零缺陷，技术操作零差错，数据判读零遗漏"。

然而，更令人肃然起敬的是他们问题归零背后的心态归零，我将之归纳为"0"心态。从视野来看，航天人虽然思接宇宙、神游八荒，但始终脚踏大地、淡然坦然——笑容浅浅的，话语淡淡的，步伐轻轻的，典型的不骄不躁、不怒不喜。

在浮躁焦躁四处游走、随处萌动的当下，这种"0"心态无疑具有弥足珍贵的"标本"意义。在一次学习交流发言时，我曾提到"三个拼到最后"——"拼到最后拼本事，拼到最后拼人品，拼到最后拼心态"，引起一位主要领导的共鸣，总结时讲了好长一段感想。

　　前不久，我受邀参加航天系统的一个活动，有感于一些领导干部的敢担当和少数领导干部的不作为，我对"0"心态作了进一步延伸，提出要保持"1"状态。顾名思义，这种状态是一种随时起竖、准备点火的状态。什么叫担当作为？什么叫对党忠诚？没有"1"状态是绝对不行的。

　　中美贸易战打响以来，有两类帖子不断刷屏，一类是揭批的，一类是"感谢"的，如《感谢美国让中国青年更团结》等。不论正说反说，有一点是相同的，那就是中国崛起遭受遏堵，复兴之路充满艰险。非常之时、非常之事，既需要非常之人、非常之能，更需要保持随时起竖的"1"状态。

　　然而，越是在呼唤勇于担当之时，越是有人滋生无为自保的念头。上面推一下动一下，甚至不推不动，该批批，该拖拖，该甩锅甩锅，嘴巴"坚决落实"，脚板"纹丝不动"，认为当官是"高危"职业，自己不出事难保下面不冒泡，少说为佳、少做为妙，稳稳当当熬年头就行。这种所谓的"佛系心态"，与淡泊名利的"0"心态，可谓谬之千里、格格不入。

　　一次与几位网络舆论专家聊天，说到一种新型"病毒"——"程序惰性"，有些人试图对我一些要害部门的关键岗位施加影响，想方设法以烦琐的"走程序"，造成工作的拖延、协调的扯皮。仔细一想，无不惊出一身冷汗：矛盾上交，责任下推，各级看起来都很忙，都很负责，但实际上皮球踢一圈又转回来。

"1"是一马当先。《亮剑》里面李云龙有句经典台词：一支部队的气质，主要取决于主官，尤其是首任主官。主官就是"一把手"，"一把手"谋事干事，其他的事情就好办；倘若"一把手"畏葸不前、小心翼翼，下面有多大积极性很难说，即使有那么一点"小火花"可能也被掐灭了。所以说，"一把手"一马当先，才有万马奔腾。

"1"是一镜到底。这是影视圈比较流行的一种拍摄手法，指拍摄中没有停顿，一次性将作品拍摄完成。为官一任短则三五年，但任何一项工作都有延续性，需要一任接着一任干，不但新官要理旧账，而且要把坏账呆账变成好账活账。

"1"也是一鼓作气。"一鼓作气，再而衰，三而竭。"过去爬雪山过草地，靠的是一股英雄气，如今实现伟大复兴，靠的也是那么一股子气——争口气的"气"，出口气的"气"，很多激流险滩一咬牙闯过去就闯过去了，其实没有什么可怕的。

◀ .. 回味 .. ▶

有 "0" 才有 "1"

人们常讲，身体是 "1"，事业是 "0"。没有 "1"，再多的 "0" 也没有用。对于心态和状态而言恰恰相反，心态不归零，就很难有状态上的 "1"。名利若身外之物，沉潜乃创业之基。欲在新时代成就大事业，先有 "0" 心态，后有 "1" 状态，仿如导弹，随时起竖，随时发射。

第四章

真理之歌

一根指头的加减

20多年前，邓小平同志伸出一根指头，向世界宣布裁军100万。在人民军队的战斗序列里，不久增加了另一根指头：陆军航空兵。

这看似简单的"一减一加"，其实包含了多少风雷激荡、运筹帷幄——减掉的"一根指头"渐成历史的光辉背影，增加的"一根指头"则成为人民军队转型的缩影。

集腋成裘，攥指成拳。一如年轻的陆航部队，一种新型作战力量的催生，会持续产生一系列可喜的裂变效应，引领陆军甚至整个军队变革和转型的步伐。

做铁拳中最硬的那根指头，我们时刻准备着！

◀ .. 回味 .. ▶

正华快评

党的十八大前,《解放军报》在头版头条的位置,历史上第一次以个人名字命名专栏"正华快评",许多同事第二天看到有些惊讶,我当时也没想到。时任总编辑谭健当天把我叫到办公室,亲自下达任务。第一稿写得很官样,谭总有些光火:"如此拘谨还开啥专栏?写好后直接给我。"于是乎包袱卸下,撸起袖子写了这段开栏短评,总共不到200字。评论向来送审程序严格,除了感恩,我最感动的是老报人的无畏担当和不拘一格。

古田的炭火永不熄灭 [1]

重大历史事件的价值，在拉开时空距离后往往看得更加清晰，一如古田那堆炽烈的炭火。

85 年前的冬天，闽西小山村古田的一间堂屋。屋外寒风凛冽，屋内炭火噼啪。出席红四军九大的 120 多位代表，围坐在这堆炭火前。他们虽衣衫单薄，但听着毛泽东激情慷慨的报告，每个人的心中都燃烧着一团火！

在这堆炭火的映照下，我们党第一次提出了思想上建党、政治上建军，由此确立了军队建设的历史方向和根本原则，我军政治工作在这里奠基，新型人民军队在这里定型。在这堆炭火的映照下，中国革命从此星火燎原，迎来历史拐点，踏上新的征程。

而刚刚召开的全军政治工作会议，可谓具有里程碑意义的第二个古田会议。来到毛泽东当年作政治报告的厅堂，习近平主席注视着当年会场中见证革命历程的斑斑炭

---

[1] 本文发表于 2014 年 11 月 3 日《人民日报》。

何孔德油画《古田会议》（供图／伍正华）

迹，同大家一起深情回忆革命先辈们探寻革命道路时筚路蓝缕、艰辛奋斗的情景。

85年过去了，这堆炭火仍然熊熊燃烧在共产党人、革命军人的心头，闪耀着夺目的光芒。重回古田，是为了寻根溯源、饮水思源，重温我党我军光荣历史和优良传统，接受思想和精神的洗礼，接受党和军队性质宗旨的教育，看看我们当初是从哪里出发的、是为什么出发的，思考我们在今天这一具有许多新的历史特点的伟大征程中，如何重整行装再出发。

炭火永不熄灭，映照着"听党指挥"的不变军魂。无所畏惧赖有"魂"，无往不胜因有"根"。"听党指挥"是我军的军魂和命根子，是"能打仗、打胜仗"的根本保证，也是敌人最惧怕我们的一点。国共开始第二次合作谈判时，国民党代表一再提出，红军改编为八路军后要取消政治委员和政治机关，由国民党向红军派出辅佐人员和政训人员。因为蒋介石心里非常明白，只有枪杆子不掌握在共产党手里，自己才可以高枕无忧。而"枪杆子里出政权"，正是我们革命成功的根本保证。坚持党对军队绝对领导是强军之魂，任何时候都不能动摇。

炭火永不熄灭，映照着服务人民的根本宗旨。在长汀领导地方工作期间，毛泽东带领战士为百姓打了一口井。

30 多年后，他还惦记着这口井里的水群众能不能喝。在老百姓心里，"吃水不忘挖井人"，在老一辈革命家心里，则是"挖井不忘吃水人"。那个时候，红军的标语口号很多，有一条老百姓最难忘——"红军是穷人的队伍"。老百姓不惜背井离乡、离妻别子，舍弃身家性命跟党走、跟红军走，为的就是这句最朴素的承诺。无论走得多远，也不能忘记，是红嫂的乳汁医好了伤员，是老百姓纳的"千层底"助我们爬雪山过草地。只有不忘初心，才能回答好"当兵为什么，扛枪为了谁"的问题。

炭火永不熄灭，映照着艰苦奋斗的政治本色。在古田，习近平主席跟 11 位部队基层干部和英模代表一起，吃红米饭、喝南瓜汤，并给身边的官兵夹菜。清清爽爽的红米饭、南瓜汤，寄托着党的领袖、军队最高统帅对继承发扬我军优良传统、保持艰苦奋斗政治本色的殷切希冀。当年，毛泽东曾严肃批评羡慕"资本家吃饭五个碗"的现象，指出酸菜里面出政治、出模范，解放军得人心就是因为这个酸菜。今天，即使在最偏远艰苦的连队，"吃饭五个碗"早已不是问题。但是，仍然要高度警惕"糖衣炮弹"的袭击、"酒绿灯红"的侵蚀，防止贪图享乐、杜绝贪污受贿，保持红军从总司令到普通士兵都是平均分配"伙食尾子"的优良传统。

习近平主席指出，近现代以来，无数仁人志士，为了追求民族独立和人民解放，不惜流血牺牲，靠的就是一种信仰，为的就是一个理想。我党我军的性质宗旨是一致的，继承发扬革命先辈的优良传统，为实现中华民族伟大复兴的中国梦而努力奋斗，既是革命军人的光荣使命，也是共产党人的历史责任。

重回古田，重温古田，那一堆理想信仰的炭火永不熄灭。

◀ .. 回味 .. ▶

细 节 藏 在 炭 迹 中

2014 年 10 月，古田全军政治工作会议召开后，《人民日报》约了一篇急稿，上午 10 点打电话，要求下午 4 点交稿、晚上上版。这样一个具有重大里程碑意义的历史性会议，写什么好呢，度又该如何把握？中午与同事们散步，走到王树声大将宅子前时灵光一闪：习近平主席曾凝视当年会场留下的斑斑炭迹，不正是选题的好切口吗？

唱支军歌给党听

几乎无一例外，那些健在的老红军老八路，纵使鬓发如霜、牙齿掉光、记忆模糊，但只要唱起军歌，他们立马跟换了一个人似的，双眸如炬，精神抖擞，神采奕奕。

是啊，从枪林弹雨中闯过来，从死人堆里爬出来，那些嘹亮的军号、激昂的军歌留存了他们全部的青春影像，铭记了他们对党的无限忠诚！

在革命前辈看来，只有跟着中国共产党才能打胜仗，只有跟着中国共产党才能翻身把歌唱！

真理的轮廓，总在驱散谬误的迷雾后显现。

对于要不要建立党的武装，是不是坚持党指挥枪，即使党和人民军队的缔造者毛泽东，也不是一开始就有定论的。在《湘江评论》创刊词中，毛泽东就曾主张实行"呼声革命""无血革命"。

然而，大革命失败、秋收起义失败等血的教训，让他率先觉悟到"须知政权是由枪杆子中取得的"，并力主加强党对红军的领导，加强军队内的政治工作，加强纪律性。

正是这种思想转变和历史认知，犹如暗夜中点燃的熊熊火把，瞬间照亮了人民军队前进的道路。

有了党的坚强领导，红军从此摆脱四处碰壁、被动挨打的局面，愈挫愈勇，越战越强，从胜利不断走向新的胜利。

这个法宝过去管用，今天管用，将来仍然不能丢。

苏联、东欧剧变之时，西方曾提出一些"时髦"口号："降下党旗、升起国旗""只忠于祖国、不忠于政党"。

结果是，党旗降下来了，国旗也改变了颜色；军队脱离党的领导之日，也是社会动荡、民生凋敝、国运衰败之时。

"不怕中国军队现代化，就怕中国军队毛泽东化。"这反映了某些西方人士的深层焦虑。

何谓"毛泽东化"？有人用三个"不了"概括之：一是"乱不了"，它有一个稳定的机制；二是"跑不了"，谁也别想把一支部队拉走；三是"误不了"，召之即来、来之能战、战之必胜。

而支撑这三个"不了"的，就是党对军队的绝对领导，就是人民军队对党的赤胆忠诚。

从抗洪到抗击"非典"，从汶川地震救援到奥运世博安保，从亚丁湾护航到撤离我国在利比亚人员，只要党一声令下，哪里有危险人民军队就冲向哪里，哪里有需要子弟兵就出现在哪里。

金戈铁马，见证辉煌。在党的创新理论指引下，社会主义中国在改革中飞速发展，人民军队在变革中破浪前行。

可以说，军队建设发展所取得的每一个巨大成就，所实现的每一步历史跨越，无不归功于伟大的党！

唱支军歌给党听，永远听从党指挥！

◀ .. 回味 .. ▶

好 文 章 像 首 歌

一朋友在聚会上提到《信仰的味道》一文，问："能不能写首歌？"后来，由我写初稿，著名词曲作家陈道斌、王喆操刀，青年歌唱家汤俊演唱了这首同名歌曲《信仰的味道》。中国光华科技基金会将其拍成了ＭＶ，推到中央电视台滚动播出。当时，这位朋友还提了一个要求："《唱支军歌给党听》一文能不能也写首歌？"由此想到，好的东西都是相通的，就像人与人之间心有灵犀。

历史总是在打破神话中前进

狭长的平型关，很像一口布袋，更像一根银针——经此一役，日军"不可战胜"的神话被戳破了。

从整个侵华战争来看，日本是把自己当成神话的，狂言"三个月灭亡中国"。从平型关战役来看，日军第 5 师团的头子板垣征四郎也是把自己当成神话的，就是他与石原莞尔合谋策划了震惊中外的九一八事变。日本军界称其为"骄子"，说他是什么"强烈法西斯化的、少壮派中坚的、大陆派主脑的中国通四大王之首"。当被告知平型关一带有中国军队集结时，骄横不可一世的板垣征四郎根本没当回事。

但是，世界上没有打不破的神话。从平型关大捷开始，到日本正式宣布投降，抗战胜利打破了中国近代以来最大的一个神话。诚如毛泽东所言："我国从十九世纪四十年代起，到二十世纪四十年代中期，共计一百零五年时间，全世界几乎一切大中小帝国主义国家都侵略过我国，都打过我们，除了最后一次，即抗日战争，由于国内外各种原因以日本帝国主义投降告终以外，没有一次战争不是以我国失败、签订丧权辱国条约告终。"

历史总是在打破神话中前进的。一部党史军史新中国史，一部改革开放史，就是一部不断打破神话的历史。二万五千里长征，抗日战争，解放战争，抗美援朝……革命战争中，打破神话就是打败看似强大的侵略者和反动派；"两弹一星"，神舟飞天，北斗导航，航母下水……和平建设时期，打破神话就是打破某些西方国家的封锁遏制。

"看似寻常最奇崛，成如容易却艰辛。"抗日战争中，曾担任国民党中央宣传部副部长的董显光，在其宣传作品中创作了各式各样的人物，旨在向国际社会传递中国不屈不挠的形象。其中，有一位人物的名字具有高度象征性——余抗命。我们靠什么屡屡打破神话、创造奇迹？正是源于这种"抗命"精神，奋起抗争、血战到底，压倒一切敌人而不被一切敌人所压倒。并且，越是"到了最危险的时候"，越是能激发中华民族同仇敌忾的向心力、战斗力。

能不能打破神话，最终要靠实力说话。抗日战争虽然取得了胜利，但中华民族付出的牺牲，不仅仅是几千万人的生命，不仅仅是举国的物力财力，更重要的是国家现代化进程再一次被硬生生打断。当前，我国正处在由大到强、将强未强之际。走近世界舞台中心的过程，必将面临各种可以预料和难以预料的风险与挑战。不难想象，在实现中华民族伟大复兴的漫漫征途上，我们还有多少神话要打破！

古人云："人情耽于逸乐。当无事之时，觉眼前无可复虑，耳目口体之欲日盛，而德慧术智日即消亡，冥然顽然。遇不如意事，见不如意人，读蹈厉奋发书，斯可验平素之道力。"一个人的修为如此，一个政党、一个民族和一支军队的发展更应如此。无事之时，切不可精神懈怠，尤不可马放南山，"愿为饮冰茹蘗之劳臣，不为肠肥脑满之达官。"

◀ .. 回味 .. ▶

敢于斗争

　　人有两大属性，一是动物性，二是人性。放大到种族、民族，也是如此。尤其是对那些侵略者而言，动物性显然占据上风。压制他们的动物性，靠人性的说服是万万不行的。就像《西游记》那些私自下凡的大仙的坐骑，只有让它现出原形，才会重新服服帖帖。日本侵略者三个月灭亡中国的野心最终变成了荒诞的笑话，无他，中国敢于斗争敢于胜利而已。

面朝深蓝，春暖花开

如果你站得足够高，那么你脚下的大地，也是星空的一部分。

赤橙黄绿青蓝紫，何以蓝成为使命的一个符号，何以深蓝成为使命的一种标高？因为蓝是大海的颜色、天空的底色，深蓝更象征博大、寓意寥廓，延展高远。

这种深蓝，曾出现在 600 多年前的桨声帆影里。200 多艘战舰，2.7 万壮士，深蓝之梦"云帆高张、昼夜星驰"，把背影留给了太平洋、印度洋，留给了遥远的红海和非洲东海岸，留给了 30 多个国家和地区。

然而，迎接深蓝壮举和奇迹的却是熊熊一炬。为了防止再有人出海，明朝兵部官员一把火烧掉了航海图，烧掉了航海日志，烧掉了造船厂，烧掉了与深蓝有关的一切。及至清朝更是严令片帆寸板不得出海，出界以违旨立杀！——从深蓝退回浅蓝，甚至抬眼不见蓝，一个民族的征帆从此搁浅百年，被凌辱百年。

历史不忍细看。梁启超曾长叹："哥伦布以后，有无量数之哥伦布，达·伽马以后，有无量数之达·伽马，而我则郑和以后，竟无第二之郑和。"繁华如烟云，伤痛不可触。一回头，便能看见历史远处那些说也说不尽的辉煌；一回头，便能看到历史深处至今仍隐隐发疼的伤口。

往后看，从来都是为了更好地向前看。深蓝是历史深处点燃的一盏灯，更是未来远方鼓荡的一片帆。站在船头的瞭望者，眼中闪过的是旖旎的风景，心中充溢的是深沉的忧患。一个民族如此，一个国家如此，一个政党如此，一支军队更如此。因为，一个强大的国家背后，必然挺立着一支强大的军队。

军人为使命而战，军人因忧患而生。太平军水师湖口大捷之后，湘军名将胡林翼亲眼观看湘军水师操练。由于顶风逆流，纵使练勇奋力划桨，战船仍行如蜗牛。此时，一艘西洋的小火轮长笛一声，从侧畔疾驰而过。众人皆当"西洋景"观，独独胡林翼眉头紧锁，默然无语，而后吐血昏厥，醒来后满腹忧虑地说：日后与彼交战，我当何以制之？！

我们正处在一个伟大的时代。处在大时代的军队，要有大忧患。大忧患出大目标，大目标出大格局，大格局出大气象。纵观历史，国家利益无不随着人类活动空间的拓展而延伸。如果站得足够高，且足够清醒的话，也许你会发现，深蓝的争夺早已不再局限于一片海：浩瀚的太空是深蓝，交织的电磁空间是深蓝，无形的网络空间是深蓝……

什么叫使命？百度有一条极其通俗的解释，使命就是一个国家、一个民族、一支军队应该做的事。

面朝深蓝，春暖花开。

◀ .. 回味 .. ▶

想 起 海 子

　　我过去不写诗，但喜欢读诗，所以海子其人我是知道的。此文套用了海子"面朝大海，春暖花开"的诗句，意在传递一种忧患，更表达一种期望——人民海军走向更蓝的深蓝。

大时代的小迷茫

　　毛泽东求学长沙时，经常邀约五六好友到板仓杨家聚会，约定三不谈：不谈金钱，不谈男女之间的问题，不谈家庭琐事。

　　那谈些什么呢？大事！"人的人性，人类社会，中国，世界，宇宙！"那时的他们，身无半亩，心忧天下，内心充溢着"恰同学少年，指点江山，激昂文字"的青春意气和英雄气概。

　　那是一个坏时代，也是一个大时代。不幸的是，中国积贫积弱，正面临千年未有之大变局；所幸的是，一群仁人志士有的只是大时代的大迷茫，为中华民族走出深重苦难与黑夜提灯夜行。

　　我们现在所处的时代，既是一个好时代，也是一个大时代。现在的年轻人在谈些什么呢？我所见所闻的，多半是毛泽东当年最不屑谈的，如金钱、爱情、家庭琐事等。

　　若上升到理论层面，两个大时代的大反差就是：大时代的大迷茫与大时代的小迷茫。大迷茫以国家民族为半径，小迷茫以自我或家庭为半径，画出来的圆自然大相径庭。

给人薪火者，必怀抱火炬。那时候的毛泽东们，心里都燃烧着一团火，或者恨不能把自己变成一个火把，照亮无边的黑暗。

那时候，很多人并不富裕，甚至穷得叮当响，但似乎越是这样，他们越是对物质享受这类的东西毫不在乎。那时候，也不乏"富二代"，但他们最关心的并不是月薪年薪、股价利息，像彭湃甚至将家里的地契一把烧光。

多年前，北大教授曾痛心地批判过"精致的利己主义者"。窃以为，"精致的利己主义者"至少有些斯文的成分，现在有的纯属"庸俗的利己主义者"，从头到脚写着"花天酒地""醉生梦死"。

这样一些人，也会有理想，但不可能是富强国家的大理想；这样一些人，也会有信仰，但不可能是实现复兴民族的真信仰。

我的身边，也常常汇集一些"想喝杯闷酒"的朋友，人生不如意事十之八九，有迷茫和苦闷乃常理常情。但是，如果对眼鼻子尖的东西看得太清太重，就很容易迷失方向、丧失斗志。其实，我们的许多困惑迷茫都属于小困惑小迷茫，关键是没有大目标的牵引、大情怀的支撑。

一个国家和民族不怕贫穷落后挨打，就怕价值观乱了、人心散了。所谓的"颜色革命"，要"命"的是颠覆别国的社会核心价值观，让人们对原来深信的产生怀疑动摇，对原来不信的心生厌恶烦躁。所以说，社会核心价值是国家核心利益，是最需要捍卫的文化精神边疆。

每个时代都有其需要穿越的迷雾，且越是伟大的时代越是"雾失楼台"，唯有思想的光芒和精神力量穿云破雾，才能引领国家和民族抵达光辉的彼岸。

今日之中国，再一次面临百年未有之大局，民族复兴到了爬坡过坎、关键一跃的历史紧要关口。我们宁可多一些大时代的大迷茫，也要坚决彻底地抛弃那些小迷茫。

◀ .. 回味 .. ▶

喝 杯 闷 酒

"喝杯闷酒"是一位好友的发明，此言一出，无论多晚一骨碌就爬起来了。时间和实践证明，真正的知己是那些愿意互相倒苦水、随时喝闷酒的人。不论在哪个时代，不论是谁，都会有许多迷茫、许多的不得已。但回过头来想一想，很多的烦恼是自寻的，绝大多数属于鸡零狗碎的小迷茫。

开放当有大海的气魄

"中国经济是一片大海，而不是一个小池塘。"在首届中国国际进口博览会开幕式上，习近平主席50多次提及"开放"，"大海论"令世界为之侧目，彰显了中国继续敞开对外开放大门的恢宏气魄。

历史的精彩之处，在于一个个"巧合"的连缀；但那些深刻改变历史走向的"巧合"，从来不是天上掉下来的"巧合"。

2012年12月，习近平总书记来到得改革开放风气之先的广东视察。时隔6年后，习近平总书记出席港珠澳大桥开通仪式并宣布正式开通。伶仃洋上，烟波浩渺，一桥飞架，怎不令人心潮逐浪，思接千载。面朝大海，远眺深蓝，不仅有改革开放40年的洪波涌起，也有近代100年的屈辱悲辛。

"舟楫为舆马，巨海化夷庚""观于海者难为水，游于圣人之门者难为言"……这些有关海洋的诗句美则美矣，遗憾的是所知者甚寡。在不少人的记忆字典里，歌咏大江大河的诗词灿若星辰，但有关大海的经典实在是寥若晨星。在交通不发达、生活不富足的过去，有的人可能一辈子没见过大海，也不知海鲜为何物，至于海洋意识更谈不上。

中国是一个海洋大国，海洋面积相当于陆地面积的三分之一，海岸线长达 1.8 万公里。放眼全球，海洋陆地"三七开"，七分是海，三分为陆。正是无边无际的大海，连接起广袤的陆地，让一艘船能漂洋过海，画一个巨大的圆，从彼岸回到此岸。不论是哥伦布的远航，还是"海上马车夫"的兴衰，有海始有浪漫的"世界旅行"，无海则无真正的"对外开放"。

600 多年前，一个叫郑和的人，曾七下西洋，以 200 多艘战舰为纸，以 2.7 万人泼墨，写下"面朝大海，春暖花开"的盛世华章。此等阵势，即使放在当前也是一件了不得的大事。令人痛惜的是——国家向海而荣，民族背海而衰。"闭关锁国"的一把火，烧掉了世界上最壮阔的桨声帆影，也烧掉了圆明园这个"万园之园"。

40 年，在人的一生中够长了，但在历史的长河中又何其短暂。40 年前，邓小平"在中国的南海边画了一个圈"，思想解放的春风从海上吹来，经济发展的奇迹在海边书写。40 年后，习近平总书记擘画的"一带一路"渐成一幅壮美的织锦，吸引越来越多的四海宾客、五洲朋友拿起手中的画笔，共绘"人类命运共同体"。

当全世界都生怕错过合作共赢的"窗口期"时，有的国家却滋生出一种奇怪的"窗口论"，开始"关门窗"，不断"退群"或威胁"退群"。2017 年 8 月，时任美国白宫首席战略专家和高级顾问的班农声称：美国在经济上打败中国仅剩 5 年左右"窗口期"。"如果我们输了，5 年以后，最多 10 年，我们就会达到一个无法挽回的临界点，那时，我们就一点翻盘的机会也没有了"。

"经历了无数次狂风骤雨，大海依旧在那儿！经历了 5000 多年的艰难困苦，中国依旧在这儿！"这种掷地有声的高度自信，源于未来的眼光，也源于大海的胸襟；源于"风景这边独好"的实力，也源于"任凭风吹浪打"的定力。正如古罗马哲学家奥勒留所说的："要像屹立于不断拍打的巨浪之前的礁石，岿然不动，驯服着它周围海浪的狂暴。"

中国对外开放的大门永远敞开，民族复兴的步伐不可阻挡。

◀ .. 回味 .. ▶

延安的窑洞连着世界

穿草鞋的双脚为何能跳出优美的华尔兹？简陋的窑洞为何牵动世界的目光？……即便那个时候，我们也不是敌人污蔑的"泥腿子"。毛泽东、朱德等领导人，哪一个不具有深远的世界眼光呢？在五千年的灿烂文明中，中国曾两千年独领风骚，那不是世界范儿又是啥？中国有大江大河的旖旎秀美，更有大海大洋的雄浑壮阔。万顷碧波映帆影，海上丝路迎宾朋！

书写春天的中国诗行

2019 年的春天，似比往年来得更早一些。

正月的三场飞雪，再次让北京变成了旧日的北平，这里已经很久没有按点下雪了。三湘大地，地里的麦苗已经返青，房前屋后、山坳溪边的桃林已经笑靥如花。遥远的北国，冰河开始解冻，一曲春天的交响乐缓缓奏响。

吹面不寒杨柳风。春天总是给人希望，给人温暖，让梦想像地里的种子一样萌发。一次春节，是一次迁徙，也是一次回归，更是一次出发——外出打工的乡亲，把回家的年货换成了离家的美味，行囊虽然轻了许多，来年的希望却满满当当。

"长江两岸绿意盎然，建三江万亩大地号稻浪滚滚，深圳前海生机勃勃，上海张江活力四射，港珠澳大桥飞架三地……"过去的一年，我们都是追梦人，在广袤的中国大地上撸起袖子写下壮美诗篇，为世界展示了中国气派、中国智慧、中国伟力。

一年之计在于春。不管去年的收成如何，今年总要抓紧给土地深耕、添肥。在广袤的原野上，农民辛勤播种自己的诗行；在繁忙的流水线上，工人辛勤播种自己的诗行；在守卫的海岛边疆，军人辛勤播种自己的诗行……所有的诗行，最后汇聚成春天的中国诗行。

在春天的中国诗行里，有一首旋律格外动听。"我和我的祖国／一刻也不能分割／无论我走到哪里／都流出一首赞歌／我歌唱每一座高山／我歌唱每一条河／袅袅炊烟／小小村落／路上一道辙……"火遍大江南北的《我和我的祖国》闪唱，让无数人打心底感到：爱国从来不是生硬的符号，而是沉淀了千百年的内心最淳朴的情感，只是"好雨知时节，当春乃发生"。

"铁肩担道义，妙手著文章。"中华民族就是这样一个民族：越是面对侵略压迫、艰难险阻，越是会迸发出万众一心、无坚不摧的磅礴之力。当下，中国由大向强转型的风险，一点也不亚于一场战争。而且，这场战争不仅仅来自军事领域，更来自经济、外交、科技等方方面面。美西方已经公开宣称将中国作为主要战略对手，有的外国智库甚至把"与中国开战"上升为"国运之战"。

但是，"经历了无数次狂风骤雨，大海依旧在那儿！经历了5000多年的艰难困苦，中国依旧在这儿！"我们从来不惹事也不怕事，"朋友来了有好酒，豺狼来了有猎枪"，我们不需要有人对中国的事情指手画脚，也没有人也够阻挡中国和平崛起的步伐。

人心永远是最大的政治，人民永远是我们党执政的力量之源。实践证明，对于一个国家和民族而言，"贵如油"的不仅仅是"春雨"，而是党心、军心、民心的汇聚。真正的强大是精神的强大，精神的内聚力是实现中华民族伟大复兴，屹立于世界民族之林的不二法宝。

"日月不肯迟，四时相催迫。"一切始于梦想，有梦想就有力量；一切成于实干，实干本身就是一种幸福。每个人都有一支画笔，每个人都有一颗诗心。在春天，让我们尽情描绘明天美好的生活图卷；在春天，让我们奋力书写新时代的中国诗行。

◀ .. 回味 .. ▶

没有雪，哪有诗

2019 年春节，北京连下三场雪，正点"正经"，酣畅淋漓。那时，我在山上度过了年三十、初一以及十五。那是一处静谧的地方，静得只有风的低吟和湖水的呼吸，还有铺满山间小路的洁白的雪，好多地方竟然没有一个脚印。在无数个黄昏和清晨，我就这样深一脚浅一脚地踩着，踏雪的声音令人陶醉，雪地的足迹也令人欣喜。古语云："冬天麦盖三层被，来年枕着馒头睡。"这篇文字心境不错，不妨一读。

从古田再出发 [1]

（一）

古田，一个普普通通的小山村，一支伟大军队的涅槃之地。

85 年前那个冬季，世界的目光聚焦在资本主义国家最大的一场经济危机，中国的目光聚焦在"军阀重开战"的乱世危局。在那个信息闭塞的年代，没有人注意到，年轻的中国共产党人在这个小山村召开了一次会议，更没有人会预见，这次会议将改变中国的前途和命运，影响未来世界的格局和进程。

这次会议究竟给中国共产党人带来了什么，给我们这支军队带来了什么？历史作出了雄辩的回答：我们党运用马克思主义基本原理与中国革命具体实践相结合，第一次提出了思想上建党、政治上建军，由此确立了军队建设的

---

[1] 本文发表于 2014 年 10 月 30 日《解放军报》，署名解辛平。

古田会议旧址（供图/伍正华）

历史方向和根本原则，规定了人民军队的性质、宗旨和任务，人民军队从此有了"根"和"魂"，从而"地火在地下运行奔突"，迸发出压倒一切敌人而不被敌人所压倒的磅礴力量。

当年，从古田出发，党领导我们这支军队完成了民族独立、人民解放的伟业。

当前，我们正在进行具有许多新的历史特点的伟大斗争。习近平主席着眼实现中华民族伟大复兴的中国梦，提出了党在新形势下的强军目标，为军队思想政治建设确立鲜明时代主题，引领我们在强军兴军的伟大征程上阔步前进。

今天，在习近平主席率领下，我们从古田再出发。

（二）

85年前，古田究竟发生了什么？

中国革命走到了一个重要历史关头，这是一个决定兴衰成败的时代拐点。

大革命失败的阴霾，井冈山陷落的乌云，"红旗还能打多久"的悲观，党内分兵分权的争议，红军内部种种旧军队的积习，人们思想中的迷茫和困惑，危及这支军队的前途和命运。贺龙元帅后来回忆时曾这样形容："那时候的军队，就像抓在手里的一把豆子，手一松就会散掉。"

这是一支新型人民军队定型中的阵痛。千百年来，多少支队伍揭竿而起，一次次革命风起云涌，有的转瞬间灰飞烟灭，有的虽然一时间改朝换代，但是人民的命运始终没有走出受压迫被奴役的苦海。

红军会不会重蹈历史覆辙？共产党人能不能改天换地？我们这支以农民和小资产阶级为主要成分、打着旧军队胎记的队伍，能不能改造成无产阶级领导的新型人民军队？在中国历史上没有答案，在世界共产主义运动中也没有先例。

党史专家曾汉辉这样评价："古田会议是里程碑，更是分水岭。"在我们党和军队的历史上，具有里程碑意义的事件有很多，但称得上"分水岭"的，古田应该是第一个。

古田会议作为"分水岭"，改变了中国革命的历史走向。我们要建立一支什么样的军队，就在这里定型了。人民军队从此确立了党对军队绝对领导的军魂，确立了我军的性质、宗旨和任务，确立了我军政治工作一系列方针、原则和制度。这"三个确立"，从根本上解决了"为了谁、依靠谁、我是谁"的问题，使红军与一切旧军队区别开来。

亲历过古田会议的罗荣桓元帅回忆说："我们不像旧

军队，也不像外国，我军有特点，历来就是反对'我'的，用只是用'我们'。"中国历史上形形色色的各式军队，都是"我"字打头。只用"我们"不用"我"，道出了古田会议的精髓，回答了个人领导与党的领导、军事观点与政治观点、分权主义与集中等一系列攸关红军领导权的根本问题，明确了思想建党、政治建军的政治方向，使红军成为党的军队、人民的军队，从此有了"根"和"魂"。

正是因为扎深了根，铸牢了魂，人民军队从古田出发，历经坎坷而不散，遭遇挫败又奋起，在血雨腥风中坚不可摧、在艰难困苦中勇往直前；正是因为扎深了根，铸牢了魂，人民军队创造了二万五千里长征的奇迹，创造了八年浴血抗战打败日本侵略者的奇迹，创造了横扫国民党八百万军队如卷席的奇迹……

历史是最好的教科书和清醒剂。85年后的今天，站在新的历史起点上，习近平主席深刻指出，我们前所未有地靠近世界舞台中心，前所未有地接近实现中华民族伟大复兴的目标，前所未有地具有实现这个目标的能力和信心。面对国际战略形势和国家安全环境的深刻变化，面对国家和军队改革的新风险新挑战，面对军队思想政治建设的新矛盾新问题，我们重温古田会议精神，对实现中国梦强军梦至关重要。

在强军兴军的伟大征程中，我们怎样高擎先辈的火炬，怎样传承"思想建党、政治建军"的红色基因，是历史赋予的担当，是时代给出的考卷。

（三）

一支强大的军队，需要钢铁般的信仰。

1929年的春天，红四军打下长汀，利用接收的服装厂，赶制了4000套军装，红军第一次有了统一的服装。此前，红军官兵穿的衣服五花八门，有农民的短衫、账房先生的长袍，有地主的马褂、铁匠的坎肩，有的甚至穿着白匪的服装。

然而，比服装更混乱的是思想。有人想打进城里大吃大喝享清福，有人想打回老家娶个老婆分块地，有人想劫富济贫当"山大王"……古田会议对这些形形色色的非无产阶级思想，进行了尖锐批评、全面整肃和深刻改造，使这支军队摆脱了旧军队的历史惯性，使红军官兵成为具有坚定革命理想的无产阶级战士。

靠着坚定的理想信念，这支军队有了一种神奇的力量。打败了，又重整旗鼓，愈挫愈奋；打散了，又很快聚起来，越聚越多。同一个兵，昨天在白军贪生怕死，当了红军像换了个人，打起仗来不要命。

习近平主席指出，近现代以来，无数仁人志士，为了追求民族独立和人民解放，不惜流血牺牲，靠的就是一种信仰，为的就是一个理想。"只要理想信念不垮，我们这支军队就永远打不垮。"

但是，信仰不是一劳永逸的，坚守信仰是没有硝烟的战斗。枪林弹雨之中保持信仰不易，杏花春雨之中保持信仰更难。当年，黄炎培从延安归来曾经告诫："也许那时艰难困苦，只有从万死中觅取一生，既而环境渐渐好转了，精神也就渐渐放下了。"

所谓"渐渐放下"，就是习近平主席讲的"温水煮青蛙"现象。从"渐渐好转"到"渐渐放下"，多少王朝帝国、多少王师劲旅，最终没有逃脱历史的周期律。

今天，我们彻底告别了当年饥寒交迫的岁月，过上了富足安定的幸福生活。然而，各种各样的诱惑也在缠绕着党员、干部，一些人在不知不觉中被"请君入瓮"——

有的表面上调门很高，实际上是政治上的"两面人"；有的台上讲马列，实际上精神空虚，"不问苍生问鬼神"，靠菩萨保佑，信"大师"指点；有的表态时信誓旦旦，实际上立场动摇，是非不分，在政治原则问题上缴械投降；有的看上去忙着"划桨"，实际上在忙着"捞鱼"，甚至随时准备"跳船"；有的嘴上讲廉洁奉公，实际上把权力当作"变现"工具，贪得无厌，生活腐化，道德堕落；有的看似情趣高雅，赏石玩玉，实际上玩物丧志，搞权钱交易……

党员干部出这样那样的问题，归根到底是思想上长了蛆，信仰上生了霉，放松了党性修养，滋生了享乐思想，走着走着忘记了为什么出发，忘记了要到哪里去。

思想道德的滑坡是最严重的滑坡，理想信念的动摇是最危险的动摇。只有永远坚持"思想建党、政治建军"这个根本原则，夯实理想地基、筑牢信仰大厦，我们这支军队才能永葆本色，在任何风险和考验面前坚如磐石。

（四）

历史告诉我们，敌人最害怕的，就是我们最强大的。

古田会议召开的两年前，蒋介石发动四一二反革命政变，一夜之间，上海大批共产党人遭到血洗；一年之内，全国 30 多万共产党人和革命群众惨遭杀害。一名国民党将领回忆道："为什么当时杀这么多人？就是怕枪杆子一旦掌握在共产党手里，天下很快就不是我们的了。"

这一血的教训也唤醒了中国共产党人，敌人最怕的是我们掌握枪杆子，有自己的军队。此后，才有了"打响武装反抗国民党反动派第一枪"的南昌起义，才有了"支部

南昌火种（插图/傅坚）

建在连上"的三湾改编，才有了确立"党对军队绝对领导"的古田会议。

我们的军魂不是天上掉下来的，是共产党人用鲜血和生命换来的。经历过血雨腥风的老红军说："党手里没有枪杆子，就是人家的盘中肉；枪杆子离开了党，就像树没了根，别人一推就倒了。"

从打天下到坐江山，从革命党到执政党。今天已看不到"四一二"之夜的血腥屠刀，但是，"铸魂"与"蛀魂"的较量不仅从未停歇，而且一直是不见刀枪的战斗。

今天在一些人心中，"敌人在哪？敌情在哪？"已经成为现实的困惑，甚至已经淡漠或遗忘。

遗忘就意味着毁灭。苏联共产党只有20万党员时打败了资产阶级临时政府，建立了政权；有200万党员时打败了德国法西斯，保卫了政权；有2000万党员时却失去了政权。俄罗斯智库专家认为，苏联拥有强大的核武库，但没能阻挡国家的分裂、苏共的瓦解。其中原因很多，很关键的一条是，苏共放弃对军队的领导，危急关头军队袖手旁观，美其名曰"保持中立"，甚至有的变节。

"看不见的敌人""无形的刀子"，有时比明火执仗的对手更危险。在今天的意识形态战场，它看上去怀着"善意"，其实包藏祸心；看上去宣扬"正义"，其实在挖陷阱；看上去调侃娱乐，其实笑里藏刀；看上去揭示真相，其实颠覆历史；看上去没啥目的，其实老谋深算……不论怎样乔装打扮、改头换面，其实都是在争夺人心、搞乱军心。

对此，要冷静观察、清醒判断，保持高度的政治警惕和战略定力。西方策动的"颜色革命"，给那些国家和地区带来的都是社会的动荡和人民的灾难。他们之所以得手，大多是那里的军队出了问题。他们要在中国搞"颜色革命"，同样要千方百计在军队打开口子。所谓"军队非党化、非政治化"和"军队国家化"，背后都潜藏着一个目的，就是要突破官兵思想防线，动摇和破坏我军这个坚强柱石和钢铁长城，在我们的"命根子"上捅刀子，妄图把军队从党的旗帜下拉出去。只要我们永远铸牢军魂，他们想把中国搞乱搞垮的图谋就不可能得逞。

古田会议决议指出："红军党内最迫切的问题，要算是教育的问题。"铸牢军魂，是一代代人的接力传承，任何时候都不能"挂空挡"。今天的军人，经历过枪林弹雨岁月的已经不多了。对已成为部队基层官兵主体的"80后""90后"，怎样补好党史、国史、军史这一课？这是攸关党和军队前途命运的大问题，是军队政治工作必须打赢的硬仗。

习近平主席深刻指出，党对军队的绝对领导，是我军的军魂和命根子，永远不能变，永远不能丢。坚守军魂，是我军特有的强大政治优势，是敌人最害怕的。对此，我们务必无比坚定和清醒。

（五）

古田会议纪念馆大厅，挂着四幅油画肖像，分别是毛泽东、周恩来、朱德、陈毅。常有游人感慨："这四个人真伟大！"

对此，党史专家傅柒生有一段耐人寻味的话："历史不可以假设。如果能假设的话，当年陈毅若有一点私念，有没有古田会议，开成什么样，毛泽东能不能回到领导岗位上，就很难说了。"

当时在这四个人中，关于红军怎么建、向何处去，存在严重分歧。久争无果后，毛泽东落选红四军前委书记，受到严重警告处分，朱德被书面警告。陈毅到上海向中央汇报红四军的党内争论，出发前到蛟洋（福建省上杭县的一个镇）同毛泽东交换意见，两人又吵了一架，各执己见，未能统一。之前毛泽东声称要打倒"陈毅主义"，这次又不欢而散。

到达上海后，陈毅接连提交了5份书面报告，不仅客观地向中央作了汇报，而且直言不讳地承认与自己有思想分歧的毛泽东"在政治上比较正确"。

当时中共中央实际负责人周恩来，坦承中央在"二月来信"中指导红四军工作"有些毛病"，主动作自我批评。朱德对陈毅带回的中央"九月来信"，表示"无条件地接受""在真理面前举双手投降"。毛泽东深为感动，诚恳地接受中央的批评，承认自己"工作方法和态度的不对""说了一些伤感情的话"。

回过头来看，古田会议伟大历史功绩之一，就是开创了党内积极思想斗争之先河，为新形势下反对党内政治生活庸俗化树立了光辉样板，提供了一面"洗洗澡、治治病"的镜子——

下级奉承领导成了一门"学问"，原则丢脑后，不怕肉麻。上级讨好下级成了一种"艺术"，用"过年话"忽悠人，栽花不摘刺。

是非抛一边，利字摆中间。干事没本事，应酬有一套。平时不学习，只忙搞关系。

会上台上调门很高，背地里拉拉扯扯、封官许愿。嘴上说的是党性原则，心里信的是"厚黑学"。

原则不坚持，处处和稀泥。有错不敢批，既怕得罪人，又怕丢选票，只求保自己。

一事当前，奉行"难得糊涂"。遇见问题绕着走，矛盾面前当"鸵鸟"，为官不作为。

凡此种种，其根本原因在于丧失了共产党人的真理品格，正如金一南教授所言："皆从个人苦乐出发，中华民族出不了孙中山、毛泽东。那一代遍求救国真理的中国人最可贵之处，在于他们首先记住的创痛是民族的创痛，首先惦记的富强是国家的富强。"

有人说，古田会议是毛泽东的胜利、毛泽东的幸运，其实它是共产党人真理品格的胜利，是我们党和军队的幸运。今天，如果我们丢了共产党人最宝贵的真理品格，未来何谈胜利、何言幸运！

（六）

古田西北是瑞金，小学课文《吃水不忘挖井人》说的"红井"就在这里。每年游客成千上万，都要尝一尝当年毛泽东带领战士和群众打出的井水。但是，又有多少人还能喝出当年的"味道"？

这个"味道"到底是什么？一辈子不信鬼神的毛泽东曾说，共产党人心中有"上帝"，这个上帝就是人民群众。几十年后，毛泽东还惦记着这口井，问井里的水群众还能不能喝。

85 年过去了，这口井里的水依然清冽甘甜。然而，毛泽东心中的那个"上帝"还在我们心中吗？

假如，你还在搞"舌尖上的腐败"，对吃吃喝喝乐此不疲，对奢靡浪费不以为然，怎么可能喝出当年的"味道"？

假如，你还在搞"车轮上的腐败"，对坐豪华车情有独钟，对公款旅游兴致盎然，怎么可能喝出当年的"味道"？

假如，你只关心自己的福利和待遇，不关心老百姓的疾苦；只琢磨到领导家密切关系，不愿和群众在一起拉拉家常；只在乎亲朋好友的"小圈子"，不在意群众这个"大家子"……怎么可能喝出当年的"味道"？

红井无言，胜过万言。我们靠群众路线起家，靠优良作风赢得人民、取得胜利——

古往今来，没有任何一支军队，人民对他如此热爱。我们这支队伍从古田出发，一路遇到的都是这样的百姓，才能走到天安门广场，走到今天。沂蒙红嫂用乳汁滋养八路军伤员；瑞金老汉把 8 个儿子送到部队，全部壮烈牺牲；攻打运城需要木料，乡亲们卸下 17 万块门板；平津战役需要运送物资，4 万多群众刀斫斧凿，让冰冻的大清河恢复通航；部队攻打郏县需要 3 天口粮，乡亲们割掉青苗杀掉牲口，"此役后郏县三年不见牛羊"。

放眼世界，没有任何一支军队，为了人民如此舍生忘死。长征出发时红军有 18.6 万人，到达陕北后仅剩 3 万多人；14 年抗战，共产党领导的人民武装伤亡 60 多万人；解放战争，26 万多子弟兵牺牲在共和国诞生前夜；中华人民共和国成立后，又有 30 多万官兵为人民献出生命。为了人民，我们这支军队打了多少大仗恶仗，哪一仗不是前仆后继，哪一个不是视死如归？

我们不能忘记，刘伯承元帅发出的那个追问："老百姓不是命里注定要跟我们走的，为什么不跟别人走呢？"

我们不能忘记，1949 年上海解放的早晨，民族资本家荣毅仁推开窗户，看到街道上一排排和衣而睡的解放军战士，发出的那句感慨："国民党回不来了！"

85 年沧海桑田。我们是人民的子弟兵，军队要有军队的样子。新的历史条件下，军队应该是什么"样子"？

今天我们重回古田，再喝一次红井水，再次端起红米饭、南瓜汤，就是要时刻提醒自己：我们这支军队叫人民军队，任何时候都要把"人民"二字放在前面。

（七）

承平日久，军队都会面对一种病魔：醉太平。

古往今来，"打天下"时是虎狼之师，不惧风雪万丈，笑傲铁马冰河，踏破雄关漫道。"坐江山"时马放南山，不敌莺歌燕舞、纸醉金迷。最终，自己打败自己。

从古田走到今天，我们队伍中的一些同志会不会被这种病魔侵蚀、击倒？

享乐主义的诱惑，随着物质财富的极大丰富和生活水平的提高，变得一天比一天更具挑战。羡慕在山下点票子，不想到山上守卡子；向往在霓虹灯中轻歌曼舞，不愿到边关爬冰卧雪；谋位子越舒服越好，挑担子越轻松越好……这种现实考验，几乎无时无刻不在挑战着军人内心的坚守。

和平年代，用不打仗的心态作准备打仗的姿态，军人的血性就会一天天被销蚀。嘴上喊着打仗，心中的"烽火台"已经坍塌；明知搞"假把式"打起仗来要吃亏，却热热闹闹走过场，堂而皇之算政绩；为了乌纱帽，明明心里没有底，胸脯拍得当当响。

醉太平会滋生腐败。以前过苦日子、紧日子，现在家底厚了、家业大了，有人觉得贪点捞点平平常常，吃点喝点理所当然。久而久之，胃口越来越大，什么钱都敢花，多少钱都敢贪，在不断膨胀的贪欲中，坠入腐败深渊。

腐败会加剧醉太平。贪占之心越来越重，思战之心就渐行渐远。攀上贪腐"这门亲"，就会只考虑自己的私利，不在乎军队的战斗力，变得脑子里不再有任务，眼睛里不再有敌人，肩膀上不再有责任，胸膛里不再有激情。

选人用人的腐败是最大的腐败。反正不打仗，用谁都一样。偏爱身边会来事的，忽视一线能干事的。嘴上说五湖四海，选人用人时首先考虑亲疏远近、大小"天线"、利益交换；攻坚克难时说"手中无良将"，选人用人时却把位子当"手中糖块"，把战斗力这个唯一的、根本的标准扔在一边。

和平本是对军队的最高褒奖，沉醉于和平却是军队最大的敌人。忧患意识丧失，血性精神消退，享乐奢靡之风盛行，何谈经得住政治考验、战场考验、利益考验？如此，一支军队就会走上自己打败自己的道路。

你在醉太平中沉迷，敌人就在望远镜中窃喜。醉太平毁的是军队，最终坑的是国家、害的是民族、苦的是百姓。"生于忧患、死于安乐"，就是醉太平的警示钟。

重读古田会议决议，毛泽东那时就对"要到大城市不是为了去工作，而是为了去享乐"，"最不乐意的是在生活艰难的红色区域里工作"等享乐主义表现，提出深刻批判。今天，防止享乐主义滋生蔓延，仍是我军政治工作必须高度警惕和认真加以解决的重大现实问题。

作为党领导的人民军队，贪图享乐不可能成为一支具有强大战斗力的军队。正如习近平主席指出，和平时期，军队生活条件搞得好一些是可以的，但决不能把兵带娇气了。威武之师还得威武，革命军人还是要有血性。无论什么时候，一不怕苦、二不怕死的战斗精神不能丢。

（八）

美国学者罗斯·特里尔在《毛泽东传》中写道："毛的真正创造性在于他把三样东西结合在一起：枪、农民武装和马克思主义。"

古田会议正是这种"创造性"的光辉典范。它开创的全新理论、开辟的全新道路、创立的建党建军原则和制度，是以毛泽东为代表的中国共产党人，带着深切忧患和历史担当，创造性地回答时代课题的结果。

历史总是在不断回答一个个时代课题中前进的。古田会议对我们今天在进行的具有许多新的历史特点的伟大斗争中，不断推进政治工作改革创新，留下了永远的法宝——

奔着重大现实问题去，创造性地解决问题。古田会议决议开宗明义，集中向党内 8 种错误思想开刀，一一列举表现、分析原因、给出纠正办法。

深入搞好调查研究，创造性地寻找对策。在农民的炕

古田会议雕塑（供图／伍正华）

头上，毛泽东一次次与乡亲们促膝交谈；在夜晚的田间小道上，留下了毛泽东提着马灯去连队开座谈会的身影……一篇篇指导建党建军的光辉文献，正是这样孕育而生。

坚定不移走自己的路，创造性地建章立制。从党的组织问题、党内教育问题，到红军军事系统与政治系统关系，以及红军宣传工作、士兵政治训练、废止肉刑、优待伤病兵等问题，哪里有矛盾，就在哪里创造，从此都有了明确的规矩。

习近平主席深刻指出，"想一帆风顺推进我们的事业，想顺顺当当实现我们的奋斗目标，那是不可能的"。越是形势复杂、任务艰巨，越要抓住政治建设这个中心环节不放。只有紧紧围绕强军目标推进政治工作改革创新，生命线才能永葆生命力。

我们的传统是创新，要警惕借口坚守传统而惰于创新。正如邓小平所言："对军队政治工作来讲，根本的任务、根本的内容没有改变，优良传统也还是那样一些，但是，时间不同了，条件不同了，因此解决问题的方法也要有所不同。"创新惰性中潜藏的，是混日子和没本事，这是与共产党人的精神境界格格不入的。

我们的生命线充满战斗性，要防止政治工作中的"消极保安全"。凡事求稳不求进，只求一团和气，却不坚持原则，面对错误思想不敢亮剑，政治敏锐性不强，责任感不强，在思想交锋中含含糊糊、遮遮掩掩，这种精神状态是与我们面对的严峻挑战和复杂任务不相适应的。

我们的政治工作富有时代性，要防止保守思想和条条框框的束缚。今天，意识形态领域斗争尖锐复杂，部队兵员成分发生新的结构性变化，建设信息化军队、打赢信息化战争，对政治工作提出了诸多新课题新挑战，我们应当像研究现代战争制胜机理一样，探究信息网络时代思想政治工作的制胜机理。墨守成规、故步自封，生命线就会失去生机活力，这是与强军兴军的历史担当相悖的。

问题是时代的声音。传承古田会议精神，面对时代考题，我们比以往任何时候都更需要唤起改革的勇气，弘扬创新的精神。

（九）

一年一度秋风劲，古田又到菊香时。古田的小溪、农舍，古田的山冈和小路，永远在诉说85年前的那些岁月，永远在讲述一代共产党人的奋斗和求索。我们牢记这一切，就如远行的儿子牢记母亲深情的叮嘱。

"挽住云河洗天青，闽山闽水物华新。"今天，我们从古田再出发，要牢记习近平主席的教诲："政治工作永远是我军的生命线。坚持从思想上政治上建设和掌握部队，是我军建设的一条基本原则，是能打仗、打胜仗的根本保证。过去我们是这么做的，现在也必须这么做。"在强军兴军的伟大征程中，我们必须始终坚持、不断发展我军特有政治优势，永葆人民军队性质、本色、作风，让生命线成为永远的"常青树"。

古田，我们心中永远的灯塔。今天从古田再出发，朝着强军目标指引的方向，我们阔步前进、力量磅礴。

◀ .. 回味 .. ▶

拍 拍 身 上 的 灰 尘

历史的蜿蜒转折处，藏着启示未来的答案。两次古田会议，两次涅槃重生，关键时刻挽救了党和军队，深刻改变了历史走向。这篇署名解辛平的文章历时半年多打磨，前前后后的会就开了20多次，我和丁海明还专门去了一次古田实地考察。文章刊发后，我仔细数了一下，与习近平主席讲话高度重合或接近的有14处。时任社长、总编后来多次提及："题目取得好，点打对了！"难忘思想碰撞交锋的一个个通宵，向起草组的张海平、武天敏、丁海明、欧灿、黄昆仑等领导和同事再次致敬。重整行装再出发，拍拍身上的灰尘！

走好新时代的长征路

80年来，探寻红军长征奥秘者络绎不绝……

从带着80多个问号进入延安采访的斯诺，到装着心脏起搏器品读"前所未闻的故事"的索尔兹伯里；从携全家"沿着红军长征路朝圣"的美国前国家安全事务助理布热津斯基，到大渡河边抚着铁索百思不得其解的以色列老兵武大卫；从3个月坚持走完长征路的91岁高龄老红军刘国保，到今天举着手机直播"我的长征"的年轻人……

美国记者斯诺发表的《西行漫记》震惊了世界。

他们究竟追寻到了什么？不同的人可能会有不同的答案，但无一例外地会被奇迹背后的精神伟力所震撼。

习近平主席在纪念红军长征胜利80周年大会上的讲话中深刻指出："长征这一人类历史上的伟大壮举，留给我们最可宝贵的精神财富，就是中国共产党人和红军将士用生命和热血铸就的伟大长征精神。"

精神是一个民族赖以长久生存的灵魂，具有跨越时空的力量。不论我们的事业发展到哪一步，不论我们取得了多大成就，我们都要大力弘扬伟大长征精神，在新的长征路上继续奋勇前进，不断夺取具有许多新的历史特点的伟大斗争新胜利。

长征是一次理想信念的伟大远征，信念如磐才能抵达"诗和远方"

"没有理想，不用说万里长征，红军连一千里都走不了。"多年后，张闻天动情地回忆。

血战湘江，四渡赤水，强渡大渡河，飞夺泸定桥，征服皑皑雪山，穿越茫茫草地……纵横十余省，寒暑两春秋，一群头顶红星的人，在血与火、生与死考验面前，之所以始终目标如一、视死如归、一往无前，就是因为理想之光不灭、信念之火不熄。这种如磐的理想信念，使红军将士拥有超人的胆魄和钢铁般的意志，激励他们在绝境中杀出一条血路，创造了气吞山河的人间奇迹。

在那样一种挑战人类极限的环境中，理想信念是比阳光、水和粮食更重要的东西，是踏平坎坷、跋涉前行的强大精神支撑。可以说，长征的胜利，是理想信念的胜利，是精神意志的胜利。

有人质疑，红军战士多来自穷苦百姓，哪懂得什么"高大上"的理想信念？曾与红军共处18个月的法国传教士薄复礼写道："他们一天只能吃一顿饭，天天不分昼夜地行走……但这些身着破衣、草鞋的年轻战士，还常常围绕着人的精神等哲学命题讨论……"40多年后，布热津斯基由衷感叹："红军战士都有非凡的理想和抱负。他们全心全意为事业而战，赴汤蹈火，在所不惜。"

回顾屈辱的中国近代史，甲午战争中，为什么日军攻占"远东第一港"旅顺如此轻而易举？八国联军侵华，为什么区区2万人就敢在北京城横冲直撞？抗日战争，为什么伪军人数高达210万，超过侵华日军总和？原因很简单也很沉痛：意志已经缴械，精神已经沦陷！没有信仰信念、没有骨气底气，国岂能不危？

人无精神不立，国无精神不强，军无精神不胜。

正是红军如磐的信念，让处于内忧外患的中国人民看到了国家的光明，看到了民族的希望，"发生了一种足以长期抵抗日本帝国主义的自信心"，进而聚合起抵御外辱、争取民族解放的伟力。

正是红军如磐的信念，让这支衣衫褴褛、迭遭重创的部队充满了舍我其谁、有我无敌的血性豪情，充满了百折不挠、越挫越勇的革命英雄主义精神，最终汇聚成了一股势不可当、横扫一切的滚滚铁流。

正是红军如磐的信念，让广大指战员聚是一团火、散是满天星，只要还有一个人就要战斗到底，他们始终坚信自己为了正义事业而奋斗，值得为这样的事业流血牺牲。

精神最耐腐蚀，也最易受侵蚀。当"吃草根、啃树皮"的生活离我们远去，有人之所以发出"走得太快了，等一等灵魂"的呼吁；当亡国灭种的威胁不再，我们之所以依然高唱"中华民族到了最危险的时候……"，就是因为"既而环境渐渐好转了，精神也就渐渐放下了"的危险始终存在。以前过苦日子难，如今日子舒坦了，更要警惕信仰迷失、精神颓丧。"欲乱其军，先惑其心。"颠覆一个国家，搞乱这个国家的民众信仰最见成效；打败一支军队，摧垮这支军队的精神意志最为致命。

习近平主席深刻指出："心中有信仰，脚下有力量；没有牢不可破的理想信念，没有崇高理想信念的有力支撑，要取得长征胜利是不可想象的。"新长征路上，我们要像红军那样心怀火炬，自觉做共产主义远大理想和中国特色社会主义共同理想的坚定信仰者、忠实实践者，用理想之光照亮奋斗之路，用信仰之力开创美好未来。

不惧强敌、不怕牺牲爆发向死而生的"洪荒之力"，跋涉前行必须敢于亮剑、勇于胜利

湘江之畔，久久凝望江水的老人问身边的孩子："江水是什么颜色？""绿色。"孩子不假思索地答。"不，是红色的！"话音未落，泪湿眼眶。

老人叫刘华连，血战湘江中，他是"扒着战友的遗体过江的"。此役后，当地流传一句民谚："三年不饮湘江水，十年不食湘江鱼。"纪念红军长征胜利80周年文艺晚会《永远的长征》再现血战湘江一幕时，许多人都为红军英勇无畏、视死如归的精神所深深震撼。

冷的铁索热的血，映红山河千万里。回望那段惊心动魄的历程，红军面临的是一个多么艰难的局面：敌人重兵围追堵截，"几乎平均每天就有一次遭遇战"；自然环境严酷恶劣，险峻汹涌的峡谷大江，空气稀薄的冰山雪岭，渺无人烟的沼泽草地；党内错误思想激烈斗争，先有"左"倾教条主义，后有另立"中央"图谋；物资补给极度匮乏，没有后方支撑，常常弹尽粮绝……其中任何一条都足以把一支军队置于死地。但对红军来说，各种险情是叠加出现、集中迸发，似乎能遇到的困难都遇到了。就是这样炼狱般的磨难，就是这样的向死而生，我们党和红军从稚嫩走向成熟，像一次特殊的"成人礼"，经此锻造，党领导的红军百炼成钢，成为"历史上一支无与伦比的坚强队伍"。从此，我们有了这样的底气，想干什么事就没有干不成的，再也没有什么困难和敌人能够阻挡我们！

13 年后，那个曾信心满满让朱德、毛泽东成为"石达开第二"的"蒋委员长"，仓皇逃到台湾岛上望洋兴叹。

17 年后，"气多钢少"的中国军队打败"钢多气少"的美军，以致克拉克沮丧地承认："我是美国历史上第一个在没有取得胜利的停战协定上签字的司令官。"

42 年后，经历"文化大革命"十年内乱的中国百废待兴，那个在长征中"跟着走"的"小个子"力挽狂澜，带领中国人民迎来改革开放的春天。

谁能想到，经过几代人的接续奋斗，那个曾把全部家当装进行囊的穷党，引领中国上演一场"逆袭大戏"，一跃成为世界第二大经济体，为世界和平发展贡献"中国力量""中国方案"。

与当年红军长征相比，今天的长征路上风险和挑战一点也不少。走近世界舞台中心，也是走近世界擂台中心。越是处在复兴向强关口，越要排除万难敢于胜利。特别是我们党面临的"四大考验""四种危险"，何尝不是必须闯过的道道"封锁线"？这些都需要我们发扬光大长征精神，勇于向敌人亮剑，向困难亮剑，向腐败亮剑……

面对前进路上的各种挑战，面对"形形色色的敌人"，我们是否有"苟利国家生死以"的家国情怀？是否有"曲戟在颈，不易其心"的忠诚担当？是否有"虽千万人吾往矣"的亮剑精神？……这些问号能不能拉直，关系到军队能不能打仗，关系到国家和民族的未来。

勇于探索、勇闯新路使红军摆脱处处受制的困境，开拓创新才能制胜未来

1960 年，来华访问的二战名将蒙哥马利对毛泽东说，你指挥的三大战役，可与世界上任何伟大的战役相媲美。毛泽东笑答，三大战役没什么，四渡赤水才是我的得意之笔。

长征出发前，由于党内"左"倾教条主义的错误领导，中央革命根据地第五次反"围剿"失败，其他根据地也遭受挫折。红军被迫长征后，又犯了逃跑主义错误，仅湘江一役，使中央红军从出发时的 8.6 万锐减到 3 万余人。

面对革命事业的重大挫折，我们党深刻认识到，必须对中国革命的方向和道路作出新的抉择。以遵义会议为重大转折，我们党冲破"左"倾禁锢，及时调整战略进军方向，确立正确的战略立足点；实施机动灵活的作战指导，审时度势，应变制敌；适时把军事战略转移与政治战略转变联系起来，迈出了实事求是、独立自主解决自身问题的决定性一步，打开了中国革命新天地。

勇闯新路才有出路。从红一方面军虚指昆明、巧渡金

遵义会议（插图／傅堃）

沙，到红二、六军团挺进湘中、回旋乌蒙，再到红四方面军西渡嘉陵江、奇袭千佛山……国民党军队常常被搞得晕头转向、气急败坏。桂军骂"像泥鳅一样滑不溜秋"，川军骂"连个人花花都看不到"，黔军骂"梭到哪个鬼旮旯旯去咯"。

长征不仅翻越了千山万水，而且翻越了把马克思主义当作一成不变的教条的错误思想障碍。这启示我们，坚持独立思考、独立判断，一切从实际出发，创造性地解决自身重大问题，才能把中国革命和建设事业不断引向胜利。这是我们党在血的教训和生死存亡考验中得出的结论。中国"站起来"靠这一条，"富起来"也靠这一条，"强起来"还得靠这一条。

习近平主席深刻指出："长征给我们的根本经验和启示，就是要坚持马克思主义基本原理同中国具体实际相结合，坚定不移走符合中国国情的革命、建设、改革道路。"历史和现实都告诫我们，走别人的路没有出路。看看那些被"颜色革命"搞垮的国家，如埃及、突尼斯、利比亚、叙利亚等，政局动荡，民众遭殃，哪一个不是中了别人深深的"套路"。

中国特色社会主义，承载着几代中国共产党人的理想和探索，寄托着无数仁人志士的夙愿和期盼，凝聚着亿万人民的奋斗和牺牲，是近代以来中国社会发展的必然选择。面对一些西方国家千方百计地围堵遏制，我们要不怕鬼、不信邪，排除各种干扰，保持战略定力，增强道路自信、理论自信、制度自信、文化自信，推进理论创新、实践创新、制度创新以及其他各方面创新，坚定不移地朝着既定方向继续前进。

"既然选择了远方，便只顾风雨兼程。"

顾全大局、团结一致是夺取长征胜利的重要保证，万众一心才能凝聚复兴向强的磅礴力量

长征胜利后总结经验，陈云认为第一个是"红军兵心团结"。一位曾经三过草地的红军女战士回忆这段历史，深有感触地说："集体的利益，是红军一切行动的准绳。"

长征二万五千里，每一里都闪耀着大局至上、团结一致的集体主义光辉，每一里都充溢着风雨同舟、生死与共的战友深情。

血战湘江，红34师为掩护红军主力突围，与数十倍于己的敌军殊死搏杀，全师6000多名将士几乎拼光。"你们的姓名无人知晓，你们的功勋永世长存"，这块立在湘江边的纪念碑是顾全大局的最好见证。

穿越草地，红三军团的一个连队9名炊事员全部饿死，但连队的其他战士无一人因饥饿而倒下。时隔数十年，一位老红军回忆过草地时战友牺牲的场景，仍忍不住流泪：有的趴在泥水中，伸开的手掌心里放着几十粒青稞；有的赤身裸体，像是睡在路旁，身边是叠得整齐的衣物。他们是用死的决心换取战友生的希望，是用小我的牺牲换取集体胜利的希望。

与张国焘分裂主义斗争，红军指战员显示出了坚强的党性和大局观念，在斗争的关键时刻，红四方面军的领导人徐向前毅然决然地说："天下哪有红军打红军的道理？！"

中央红军到达陕甘苏区后，无粮无饷，向红 15 军团借款 2500 大洋，军团长徐海东二话不说，从 7000 多大洋家底中拿出了 5000 块。

……

长征是一部顾全大局、严守纪律、紧密团结的教科书，每一个行程、每一次突围、每一场战斗都从战略全局出发，既赢得了战争胜利，也赢得了战略主动。为了全局胜利而结成无比坚强的革命团体，战胜了力量悬殊的强敌，战胜了极其险恶的环境，战胜了党内的分裂行径，将被迫实行的战略转移变成了开创革命新局面的胜利进军。

习近平主席曾深刻指出："团结是战胜一切困难的强

大力量，是凝聚人心、成就伟业的重要保证。"历史雄辩地证明：不论是战火纷飞的岁月，还是硝烟散去的年代，团结一致、同心同德，始终是克服困难、赢得胜利的强大力量。

胜利总会有牺牲，总会有奉献。今天，我们的工作和生活条件比红军长征时不知好了多少倍，但为了大我牺牲点小我，在推进事业过程中有时难以避免。特别是在全面深化改革的攻坚阶段，更需要我们发扬红军那种一切为了事业、一切为了大局、一切为了胜利的精神风范，强化一盘棋、一条心的意识，强化令出行随、令行禁止的观念，从而凝聚起爬坡过坎、开新图强的磅礴力量。

扎根人民、心系人民赢得最可靠的支持，不忘初心才有继续前进的不竭动力

人心所归，如水下倾。长征的胜利，不仅在于杀出一条血路，更在于连通与人民割不断的血脉。

毛泽东曾言："如果老蒋也学红军的长征转移，那一定是要被消灭的，因为他们没有人民的援助。"为了长征和整个革命胜利，老百姓送了门板送钱粮，送了丈夫送儿郎，涌现出多少"满门忠烈""满村忠烈"！于都县钟招子老人 8 个儿子牺牲，瑞金县华家村 43 户人家 17 个后生牺牲……试问，没有当地船工的冒死相助，中央红军怎能从容飞渡条条激流；没有苗族青年带头攀上绝壁发动奇袭，天险腊子口怎能一举攻克；没有小叶丹、安登榜等少数民族地区首领和群众的支持，民族"禁区"怎能成为畅行无阻的"自由区"……

长征是"历史上最盛大的武装巡回宣传"，一路播撒革命火种，动员群众为自身利益而奋斗。红军大都是穷人的孩子，更清楚老百姓的"痛点""泪点""兴奋点"。所以，当他们喊出"打倒土豪分田地，要耕田来有田耕"的口号，写下"红军上下都一样，没有哪个压迫人"的标语，怎能不振臂一呼、应者云集。长征走了二万五，把老百姓的"心底话"和党的"好政策"传遍了二万五。这就是那个年代党和红军的"微博""朋友圈"，一传十、十传百，达到十万＋、亿万＋。

人民是靠山，也是江山。群众把最后一粒米用来做军粮，最后一尺布用来做军装，红军又何尝不是呢？过草地时，干粮袋被视为保命袋，当红军战士谢益先遇到快要饿死的母子三人时，毫不犹豫地把干粮袋交给了她们，自己却永远倒在长征路上。长征途中，三位女红军借宿农户徐解秀家，看到她穷得连条被子都没有，临走时把军被一剪两半。这件事徐解秀记了一辈子："什么叫共产党？共产党就是自己有一条被子，也要剪下半条给老百姓的人！"不论是一个干粮袋，还是半条被子，都见证着共产党人质朴灼热的初心。

我们党的最大政治优势是密切联系群众，党执政后的最大危险是脱离群众。有首叫《天下乡亲》的歌唱道："你那百年的老屋／有没有挂新泥／你吃的粗茶饭／是否碾成细米／我来的时候／你倾其所有／你盼的时候／我在哪里呀……"今天，我们每个共产党员，都要扪心自问：有没有忘记当年对老百姓的承诺？还敢不敢与歪风邪气做坚决斗争？还愿不愿意为崇高信仰付出一切？

习近平主席指出："一个政党，如一个人一样，最宝贵的是历尽沧桑，还怀有一颗赤子之心。"当年红军为穷苦百姓打天下，今天走好新的长征路更须不忘初心，始终牢记：我们来自人民、为了人民，人民对美好生活的向往，就是我们的奋斗目标；只要和人民群众紧紧站在一起，我们就有无穷的力量。不论走得多远，也不要忘记为什么出发，不要忘记为谁扛枪、为谁打仗，不要忘记革命先辈们曾经许下的承诺——"以我衣衫褴褛，换来繁花似锦"。

这就是中国共产党人的精神追求。

"跟着走"实质是跟着党走、跟着主心骨走，看齐追随应成为走好新长征的内在自觉

1935 年 1 月，遵义会议召开。"靠铅笔指挥的战略家"被撤换，确立了毛泽东在红军和党中央的领导地位，红军突然"满血复活"，上演了一幕幕让敌人瞠目结舌、心悸胆寒的战争活剧。然而，在毛泽东"靠边站"的那段时间，红军损失了 90%，苏区几乎丧失殆尽。

为什么人是同样的人，枪是同样的枪，结果却有天壤之别？有位军史专家说，对毛泽东的选择，是中国共产党对真理的选择、对胜利的选择。长征的胜利，最具有深远意义的是，开始形成以毛泽东同志为核心的党的第一代中央领导集体。

党的领导核心一旦确立，必须坚定看齐追随。1935 年秋，张国焘执意率军南下，妄图另立"中央"。当他威胁朱德时，朱德斩钉截铁地回答："毛泽东同志我信得过，你可以把我劈成两半，但是你绝对割不断我和毛泽东同志的关系。"

不只是朱德，刘伯承、徐向前、徐海东等一大批党和红军的高级领导，都旗帜鲜明地支持毛泽东并维护其核心地位，甚至犯过教条主义错误的博古、凯丰等人也都坚定地站到了毛泽东一边。邓小平那句有名的"跟着走"，是跟着队伍走，更是跟着党走，是对党的忠诚、对领袖的信赖。

列宁指出："群众是划分为阶级的，阶级是由政党来领导的，政党通常是由最有威信、最有影响、最有经验、被选出担任最重要职务而被称为领袖的人们所组成的比较稳定的集团来主持的。"形成并坚决拥护这样的领导集体，是长征取得胜利的根本保证。

党的十八大以来，以习近平同志为总书记的党中央团结带领全国各族人民，紧紧围绕实现"两个一百年"奋斗目标和中华民族伟大复兴的中国梦，举旗定向、谋篇布局、攻坚克难、强基固本，开辟了治国理政新境界，开创了党和国家事业发展新局面，赢得了全党全军全国各族人民的高度信赖和衷心拥护。

"谁使长征胜利的呢？是共产党。"走好新的长征路，党的领导是根本保证，看齐追随是内在要求。在这个事关国家和民族前途命运的重大问题上，人民军队必须旗帜鲜明、走在前列，自觉把习近平总书记系列重要讲话作为时代旗帜来高擎，不断强化政治意识、大局意识、核心意识、看齐意识，着力培养有灵魂、有本事、有血性、有品德的新一代革命军人；自觉把维护和贯彻军委主席负责制作为最大忠诚来笃行，始终同党中央、中央军委和习近平主席保持高度一致，努力锻造具有铁一般信仰、铁一般信念、铁一般纪律、铁一般担当的过硬部队；自觉把政治纪律政治规矩作为红线底线来严守，确保绝对忠诚、绝对纯洁、绝对可靠。当前，要紧紧扭住政治建军、改革强军、依法治军、备战打仗不放松，全面彻底肃清郭伯雄、徐才厚流毒影响，不断增强听党指挥的政治自觉和行动自觉，以只争朝夕的精神推进国防和军队现代化，为实现强军目标、建设世界一流军队而奋斗。

长征精神比阔苍穹。

里约奥运会，中国女排时隔12年重夺金牌。许多人说，我们从女排精神看到了长征精神。

长征精神既属于历史，又属于当下，还属于未来。它孕育于民族精神的母腹，诞生于民族危亡的关口，延展于民族复兴的伟大征程。

万里长征铸就精神上的万里长城。在我们党和军队的精神族谱上，继长征精神之后，诞生了抗战精神、延安精神、西柏坡精神，以及抗美援朝精神、"两弹一星"精神、抗洪精神、抗击非典精神、抗震救灾精神、载人航天精神……其中所赓续的红色基因，总能从80多年前的那次远征中探寻到。

习近平总书记指出："历史从不等待一切犹豫者、观望者、懈怠者、软弱者。"在强国强军的征程上，还有不少"雪山""草地"要翻越穿越，还有不少"金沙江""大渡河"要巧渡强渡，还有不少"娄山关""腊子口"要攻占攻夺。

现在的年轻人怎样，民族的未来就会怎样。走好新的长征路，尤其需要青年一代接过长征精神的火炬，带着人生理想，背负民族希望，发奋图强、奋发有为、勇毅前行。

迎着民族复兴喷薄欲出的红日，我们的长征在路上……

◀ .. 回味 .. ▶

我们的长征在路上

此文写于纪念红军长征胜利 80 周年之际。二万五千里，那是那一代人的长征路。我们这一代人的长征路有多长？横亘在面前的雪山草地、娄山关腊子口，一点也不会比那时候少。长征精神光照日月、比阔苍穹，长征是一条道路，一条被逼走出的道路，一条符合中国革命实际的道路。我们现在也正沿着一条正确的道路走着，不管脚下有千沟万壑、前面有千难万险，认准了的就一直无比坚定地走下去。

烛照中国的精神之光

（一）

他不是诗人，却写出了传诵至今的青春诗行。

他不是画家，却留下了永不褪色的经典画面。

他不是哲学家，却无比透彻地阐释了什么叫"有限"与"无限"。

五十多年前，当他驾驶拖拉机犁开团山湖农场的肥沃土地时，也许不会想到，他开垦的不是一个人的精神土地，而是一个民族的精神高地。

当他为保护公家财产抱出棉被、脱下棉袄时，也许不会想到，他温暖的不是一堆水泥，而是几代中国人的记忆。

他，永远像早晨那样清新，经过他身边的岁月虽短，可每分每秒都带着他的体温。

他，永远像蜡烛那样清亮，用自己名字里金属般的光芒，恒久地照亮了中国的精神天空。

（二）

青山遮不住大江东去，万事万物都遮不住岁月流逝。

然而，半个世纪过去了，为什么一个普通士兵的名字仍然鲜活？为什么一项群众性的活动愈加红火？

每一个时代都有属于自己的典型人物。诚如恩格斯所言，他们是一定阶级和倾向的代表，他们的动机不是从琐碎的个人欲望中来，而正是从他们所处的历史潮流中得来的。

我们从不否认雷锋所持的鲜明阶级倾向，从不否认雷锋所处的特定历史时期。但他不仅属于那个时代，更属于这个时代，甚至属于今后若干个时代。

雷锋精神所彰显的舍生取义的民族气节、仁者爱人的人道主义精神、重义轻利的社会道德观、自强不息的高尚品格、勤俭持家的传统美德，已然超越了阶级，超越了政治，成为中华民族集体人格的象征和全人类共有的精神财富。

（三）

穿着夹克的雷锋，与脱下夹克的雷锋一样可爱。

雷锋牺牲后，第一次展览，一位领导看到了箱子里的皮衣，用脚轻轻一踢："要这个好吗？"这个箱子从此尘封，直到改革开放后，媒体才将之披露出来。

典型宣传中，存在某种典型的"皮夹心态"——怕典型太过扎眼，给他脱下皮夹；怕典型不够抢眼，又给他穿上皮夹，其目的都是为了凸显"高、大、全"，传播效果却适得其反。

真实是典型的生命。没有什么比真实更有说服力，没有什么比真实更有感召力。穿上皮夹、戴上手表、跨上摩托的雷锋，尽管不可避免地引发了一些人的质疑，但更多的人从中窥见了一个可爱的雷锋、时尚的雷锋、本真的雷锋。

50 年过去了，假如雷锋还活着，已经是步履蹒跚的老者。然而，在人们的记忆中，他还是那个永远带着一脸灿烂的年轻帅小伙。他永远 22 岁，一如他留下的精神。

回归真实，回归常人，雷锋才有了穿越时空的魅力。

（四）

"一把扫帚能有多沉？"这不是什么脑筋急转弯，而是一个朴素的哲学命题。

一次，战士乔安山跟班长雷锋坐火车。班长让他扫地，乔安山一拿起扫帚，感觉很多人在看他，脑门直冒汗："一把扫帚能有多沉？为什么班长做起事来，那么亲切自然随便，像在家里一样，而我就有距离？"原因是，班长的亲人在旧社会都被迫害死了，他是孤儿，在党的关怀下长大，他走到哪里都如同到家一样，把所有人都当作家里人，一点都不陌生。

让助人者感到很自然，让受助者不别扭，并不是一件简单的事。当"别和陌生人说话"成为母亲教导孩子的警世名言时，一把扫帚会变成多沉呢？它折射的是当下的某种道德困境：人们不是习惯去关心别人，而是习惯了不被别人关心。对于别人善意的帮助，人们总是保持着足够的警惕。

这种人际间的信任隔膜，囚禁了爱的释放，扼杀了善的生长，让原本轻巧的扫帚有了磐石的重量。学习雷锋，既要让每个人都能轻松地拿起这把扫帚，又要让每一个人坦然地面对这把扫帚。

（五）

"为仁由己""常德不离，复归于婴儿。"

每个人心中都住着一个"雷锋"，只不过有的醒着，有的睡着；有的不叫自醒，有的一推就醒，只有极少数在装睡。

雷锋的崇高，就在于他的婴儿般的纯粹，没有一丝"机心"，只有"一个心眼"——大家好才是真的好。他不断唤醒人们心中的善，把自己的奉献当作他人的环境。

从拾荒的陈贤妹到裸捐的乞丐，从吴鞠萍的举手一托到孟祥斌的纵身一跃，从驰援汶川地震的 10 万志愿者到把钞票一张不少都归还的众路人……

"最美"的名字一次次在普通百姓身上闪光，"平民英雄""百姓好人"一页页续写着雷锋日记。

雷锋班的 47 万封来信，北京奥运会、上海世博会的 100 万志愿者，郭明义的 1000 万粉丝……50 年来，千千万万的雷锋在成长，万万千千的雷锋在涌现。

他们中的多数人，也许没有感动过中国，也许你根本不知道他姓甚名谁，但他们听从内心的召唤，默默把爱和善的种子撒播。

（六）

雷锋精神本质上是一种幸福观。

这种幸福，你"可能意识不到，也可能意识到了"。雷锋总是为"能吃到一顿饱饭，穿上一套衣服，能当家作主"，感到"有一种说不出的幸福感"。

这种"说不出的幸福感"，"当代雷锋"郭明义不止一次地"试过"，而且"经常幸福得流泪"。在他看来，"帮助别人改变命运，比啥都幸福！"

北大教授钱理群曾不无忧虑地指出，我们的大学正在培养一些精致的利己主义者，他们高智商。这种人一旦掌握权力比一般的贪官污吏危害更大。

不可否认，利己主义者也会有自己的快乐，但那只能是一点可怜的自私的快乐，怎么可能"经常幸福得流泪"？

付出需要境界，理解付出同样需要境界。理解一个高尚的人，需要一颗高尚的心。

（七）

一个国家不能没有自己的道德边疆，一支军队不能没有自己的精神高地。

正是雷锋和无数的雷锋们，用自己的全部心灵和生命，浴血捍卫着这道边疆，忠诚坚守着这块高地，中华文明才得以生生不息，中华民族才得以发展繁衍！

今天，我们比任何时候都更加接近强国梦和强军梦！民族复兴，匹夫有责。来吧，让我们接过雷锋的枪，强壮我们的精神龙骨，擦亮我们的精神刀锋！

◀ .. 回味 .. ▶

长 情 总 在 常 情 处

　　每年 3 月的雷锋好学，文章却不好写。"王婆卖瓜"。这篇文章还是比较好读的。若说创作体会，那就是干脆心态归零，回到人的初心初性思考审视。比如，把自己的棉袄盖在水泥上，在火车厢里扫地，这些都是我们能做到，但又没去做或不好意思去做的。回归常识常理常情，总会有心里话想说。

人民就是江山

除非先消灭爱护红军的民众，否则没有办法消灭红军

1936年，为破解世界上"最大的谜"和"最混乱的传说"——中国共产党及其领导的红军，一位叫埃德加·斯诺的美国记者，带着"一些未获解决的问题"，怀着"冒险的心情"，开始了红色探寻之旅。

"这些战士战斗得那么长久，那么顽强，那么勇敢……他们到底是什么样的人？是什么使他们那样地战斗？是什么支持着他们？他们运动的革命基础是什么？是什么样的希望，什么样的目标，什么样的理想，使他们成为顽强到令人难以置信的战士呢？……"一篇不到四千字的文章，斯诺竟一口气提出了80多个"？"。

延安一孔简陋的窑洞里，毛泽东深吸一口烟，仅用"除非"二字，就把人民军队的根基所在、血脉所在、力量所在，解释得一清二楚："红军是民众的军队，民众无微不至地支持红军；除非先消灭爱护红军的民众，否则没

有办法消灭红军……"

100年来，中国共产党正是面对无数的怀疑甚至非难，将一个个"？"拉直成"！"，让世界惊叹，被历史铭记。

站在天平的哪一边，人民不惜用身家性命作出选择

听过13岁的姐姐背着6岁弟弟长征的故事吗？邓秀英一家8口都参加了长征。途中，父亲患病牺牲，3岁的妹妹夭折，一个哥哥，还有一个侄子，都被无情的草地吞没。当年在四川通江县，举家跟着红军走的，不下两万人。

红军长征走后，瑞金面临屠城之灾，"无不焚烧之居，无不伐之树木，无不杀之鸡犬，无遗留之壮丁，闾阎不见炊烟，田野但闻鬼哭"，许多村落变成了无人村。直到中华人民共和国成立后15年，瑞金的人口一直呈负增长。

一位老红军回忆，在陕西北部，曾亲耳听到一被俘的国民党军官说："你们真是有主义的呀！假如你们没有一个固定的为国为民的目标，为什么这些老头儿、小孩子、妇女们跟你们跑两万多里？难道徐特立、林祖涵先生，邓颖超、蔡畅女士等都是因为没有饭吃才来的吗？"

扶老携幼，筚路蓝缕。血水代替了亲人的泪水，枪声掩盖了孩子的哭声，世界上还能找出这样一支军队，还能复制这样一次长征吗？！就是这样一支与老百姓相互搀扶、不离不弃的军队，却越战越强、越打越多，让所有强敌闻之胆寒，甚至肃然起敬。

"儿子牺牲了没关系，咱还能生！"最后一碗饭，送去做军粮；最后一尺布，送去做军装；最后的老棉被，盖在担架上；最后的亲骨肉，含泪送战场。这是天底下最伟大的母亲，这是天底下最无私的百姓。自革命战争年代以来，牺牲的烈士2000多万，有姓名可考的仅有180万。人民为革命作出的牺牲何其壮烈，何等伟大！

把自己的利益搞得少少的，把人民的利益搞得多多的

退守台湾后，蒋介石曾沉痛反思"自己打倒自己"的"四大原因"，其中一条便是："违反国父遗教，大家不以服务为目的，而以夺取为目的。"谈到军民关系，蒋更极言之"可以说恶劣到了极点"。他说："我们军队每进到一个村庄，这个村庄中较好的房屋，就一定被我们军队占领……借了人民的东西不归还，损坏了人民的器具不赔偿。这样，当然使人民对我们发生反感，而不愿帮助我们。"

国民党的败因，通过共产党这面镜子看得更清楚。1949年我军攻打上海，总前委讨论制定《入城守则》时，陈毅强调两条铁律：一是市区作战不许使用重武器；二是部队入城后不许进入民宅。对此，有些指战员想不通，问："遇到下雨、有病号怎么办？"陈毅斩钉截铁地说："这一条一定要无条件执行，说不入民宅，就是不准入。天王老子也不行！这是我们人民解放军送给上海人民的'见面礼'！"毛泽东听说后，高兴地连说了四个"很好"。

司马迁曾把国家的经济政策分为五等："善者因之，其次利道之，其次教诲之，其次整齐之，最下者与之争。"在他看来，与民争利，民必弃之，实属治国理政的下下策。

从"不拿农民一个红薯"到"天王老子也不能进民宅"，不论进村，还是入城，不论白色恐怖之时，还是凯歌高奏之际，人民子弟兵始终把群众的利益看得比天还大。

毛泽东曾风趣地讲："政治是什么？政治就是把拥护支持自己的人搞得多多的，把敌人搞得少少的。"可是，"多"与"少"到底如何切分呢？其实也很简单，那就是——把自己的利益搞得少少的，把人民的利益搞得多多的。

这个法宝，我们过去靠它，现在靠它，将来仍然要靠它

说到人民之力量和智慧，丰都一役中失去右眼的刘伯承，曾以眼和手为喻："只要你是为人民大众的切身利益而战，战争夺去你一只眼睛，群众会给你千万只眼睛；夺去你一只手，群众会还给你千万只手！"

一次，为掩护冯白驹脱险，村民王会生乔装成他后往深山跑，最后不幸被捕，遭受到了各种残忍的折磨，双手、双脚都被砍断，但他宁死没有透露半个字。"不是山藏人，而是人藏人。"正是靠人民群众的护佑，琼崖纵队在孤立无援的困境、绝境之下，打破了国民党反动派和日军的大规模封锁、搜捕，让红旗在孤岛 23 年屹立不倒。

1933 年 9 月，敌人对中央苏区发动疯狂的第五次"围剿"。毛泽东毫无惧色："国民党现在实行他们的堡垒政策，大筑其乌龟壳，以为这是他们的铜墙铁壁。同志们，这果然是铜墙铁壁吗？一点也不是！你们看，几千年来，那些封建皇帝的城池还不坚固吗？群众一起来，一个个都倒了。""真正的铜墙铁壁是什么？是群众，是千百万真心实意拥护革命的群众。"

20 世纪 60 年代，蒙哥马利元帅访华后，告诫西方军界说，战争的禁律之一，就是不能在中国大陆同中国人作战，因为这将遇到亿万军民组成的战争史上纵深最大的、无法突破的防线，必将被中国人民击败。

叶剑英曾指出："我们是靠人民战争起家的、取胜的。这个法宝，我们过去靠它，现在靠它，将来仍然要靠它。"

这是历史的结论，更是未来的昭示。

走得再远，也不能忘记来时的道路

军队和人民血肉相连、血脉相通，是须臾不可分离的命运共同体。割裂军队与人民的血肉联系，必然筋骨不壮，百病丛生。

历史的一页翻到了今天，人民的生活、国家的面貌，已然发生翻天覆地的变化。但是，经济越发展，生活越富足，社会安定、国家安全越成为最大的"幸福指数"。

实践证明，在祖国和人民最需要的时候，只要党一声令下，人民军队不仅敢于担当，而且能够担当。冰雪成灾时，他是一尊站着能睡着的雕像；余震袭来时，他是一声"让我再救一个"的呐喊；同胞遇险时，他是一条令人泪流的横幅——"祖国接你回家！"

群峰有脉，江河有源。

万山朝宗，万川归海。

一个人走得远了，不要忘记来时的道路；一支军队走得久了，不要忘记信念的源头。

人民军队来自人民的历史血脉割不断，人民军队服务人民的红色基因代代传。

军队打胜仗，人民是靠山！

◀ .. 回味 .. ▶

敌人也在走"群众路线"

群众路线是我们党得天下的"三大法宝"之一。那么治天下呢，这个法宝不能揣在口袋里不用，久而久之甚至连口诀都忘记了。敌人也在走"群众路线"，对内拉选票，对外搞"颜色革命"，无一不需要发动群众，而且花式很多，互动性很强、参与度很高。2019年香港修例风波给我们提了一个醒，群众路线任何时候都要坚持走，而且必须要到广大群众中间去做暖人心、得人心的工作。

后　记

我还是曾经那个少年

伍正华

每次跑步时，喜欢听一首歌："我还是曾经那个少年，没有一丝丝改变。时间不过是考验，种在心中信念丝毫未减……"

不论年龄，无论贵贱，每个人都有一颗弥足珍贵、独一无二的"玻璃心"。这颗"玻璃心"，也许一碰就会碎，因为他映照了我们人生的成长，收藏了我们最初的记忆——关于故乡，关于童年，关于父母亲人，关于美好或不美好的一切的一切。

所以，当清华70岁教授天团演唱那首《少年》，我们看着看着就笑了，这群"老小孩"心态竟是如此年轻；我们听着听着也哭了，青春易逝、韶华易老，等我们老的那一天心态是否还如此年轻?

本书收录了一些旧作,但自己读起来竟然不怎么觉得累,甚至感觉有点小佩服自己,主要是每篇后面加了一个"回味"——写这些文章时都是有背景、有心境的,不纯粹是文字的雕琢、感情的宣泄。什么年纪写什么文章。也许现在有些文章会比过去写得好,但好多文章我现在着实写不出来了。

若说为文之味,我琢磨了一下,大致有以下"十种味道"。

一是勤学的味道。军报"八年抗战",我几乎每天五点早起,从不赖床,脸都不洗就直奔办公楼,主要是怕一夜发酵的灵感突然跑了。穷人的孩子早当家,没伞的孩子跑得快。只要能吃苦,就算到大街上烤红薯,你也能多卖几个。懒是百病之源,惰是堕落之根。不懒不惰,总有出头之日。

二是忧愤的味道。评论者,平心而论也。路见不平一声吼,八百里秦川扬沙尘,那才是写文章的大快意大得意。有点燥气,有点稚气,有点愤青,也许不是什么坏事。当学会了"见人打哈哈、见鬼说鬼话"那一套,文字的锐角棱角也就没了。

三是苦思的味道。记得当年军队战斗力标准大讨论,军报第一篇评论就叫《都知道为啥要讨论》，写评论的自己不想清楚，怎么能跟官兵讲清楚呢？世界上的苦事很多，但最苦之事莫过于当码字匠。我倒头三秒就睡，但常常为一篇小文夜不能寐，可真是"无数茎须可捻，唯白头搔更短"。

四是文艺的味道。缺少文艺范、书卷气的"官样文章"，味同嚼蜡、令人生厌。这本书里的有些文章，说是评论就是评论，说是散文也未尝不可。其实，体裁体例之别，那是小学生的功课，于名家大家而言早就无分别了。

五是求新的味道。《信仰的味道》一上来就写陈望道蘸墨汁吃粽子的故事，当时确实存了一点"小叛逆"。政论文多用例证，鲜见把例子铺陈开来，且放在文章开头的。兵无常势，文无定法，怎么舒服怎么来。以文名世者，有几个甘落窠臼的？

六是哲思的味道。思辨令文字长满触角，以最柔软触动我们内心之最柔软。一个人有思想很好，一个人有哲思更秒，哲思属思想的美学范畴。哲学家不生产粮食，只负责播种思想。在抖音、快手一刷半天的"短视频时代"，保存油墨味的哲思尤为难能。

七是交游的味道。我曾提出过写作的"圈实力"，你所交往圈子的层次，很大程度决定了你的认知与水平。谈笑有鸿儒，往来也不可缺"白丁"，天气与地气都得接。我当时虽是一名小编，但碰到问题与难题，敢于打一圈电话，许多身居要职的"忘年交"，就是胆儿忒肥时交下的。

八是斗争的味道。列宁曾言，"无党性的写作者滚开"。评论如投枪，不是银样镴枪头。尤其是为党立言的政论，必须旗帜鲜明，当战士不当绅士。如《反腐是一场输不起的生死仗》，就是在反腐斗争处于胶着状态时，率先发出"像周永康、徐才厚这样的大老虎都动了，还有谁动不得"的正义之声。

九是沉潜的味道。谭健先生"须祛燥气"的指瑕，真是戳中了麻骨。燥由心，燥从人，我素来不尚更不善伪饰，喜怒皆形于色，虽咬牙嚼烂些许"小刺"，但"主刺"难拔，有时难掩锋芒。后来渐悟，四十岁以前看修养，四十岁之后看修为，一字之差而境界迥异。无沉潜之心，为文则失稳当，遇事则易躁进。

十是初心的味道。初心是啥味道？故乡的味道、妈妈的味道，入党之初、当兵之初的味道。走得太久了，我们需要等一等初心；走得太远了，我们需要回到精神的源头去看一看，那一条小溪、那一个水洼是多么的清澈，那一方的蓝天是多么的澄静。

百年大党，恰是风华；百年征程，初心如洗。我们还

是曾经那个少年，没有一丝丝改变；我们的党也还是曾经
那个少年，一切的艰难险阻不过是考验。就像孩子对母亲
的眷恋，我们永远信她爱她跟着她！

2021 年 3 月 3 日
于北京旃檀寺